万物互"链"

区块链重塑世界

段守平 ◎ 著

企业管理出版社
ENTERPRISE MANAGEMENT PUBLISHING HOUSE

图书在版编目（CIP）数据

万物互"链"：区块链重塑世界 / 段守平著 . -- 北京：企业管理出版社，2018.12
ISBN 978-7-5164-1835-2

Ⅰ . ①万 ... Ⅱ . ①段 ... Ⅲ . ①电子商务－支付方式－研究 Ⅳ . ① F713.361.3

中国版本图书馆 CIP 数据核字（2018）第 265877 号

书　　名：	万物互"链"：区块链重塑世界
作　　者：	段守平
责任编辑：	侯春霞
书　　号：	ISBN 978-7-5164-1835-2
出版发行：	企业管理出版社
地　　址：	北京市海淀区紫竹院南路 17 号　　邮编：100048
网　　址：	http://www.emph.cn
电　　话：	发行部（010）68701816　　编辑部（010）68420309
电子信箱：	zhaoxq13@163.com
印　　刷：	三河市聚河金源印刷有限公司
经　　销：	新华书店
规　　格：	720 毫米 ×1000 毫米　　16 开本　　11.25 印张　　150 千字
版　　次：	2018 年 12 月第 1 版　　2018 年 12 月第 1 次印刷
定　　价：	68.00 元

版权所有　　翻印必究　　印装有误　　负责调换

序

如果要评选近几年来热词榜单的话，"区块链"这个词一定位居榜单的前列。

什么是"区块链"？"区块链"从何而来？"区块链"技术又将如何改变我们的世界？这些问题一直是从大众到媒体，乃至社会各界争相讨论的焦点所在。

也许，区块链技术在大多数人看来依然是一个神秘而不可触摸的东西。非专业人士很难对分布式账本、P2P网络、去中心化这些学术性的概念有一个清晰的理解。但这并不妨碍那些有长远目光之士对这一颠覆性技术的认同。

早在2015年，《经济学人》杂志就将区块链技术视为"即将颠覆经济、互联网乃至世界的底层技术"，而《福布斯》杂志更是毫不避讳地宣称这一技术将会极大地改变当时世界的经济生态。华尔街各大银行的金融巨头们更是暗自布局区块链项目，希望能在并不久远的未来抢占先机。

仅仅是从2014年到2015年期间，就有超过十亿美元的资本投资涌入区块链生态系统，而且正以每年增加一倍的速度增长。资本市场对这一未来趋势所展示出的强大信心与投资力度，已然能与20世纪90年代的互联网投资热潮相媲美。

区块链技术第一次成功的应用就是我们所熟知的数字加密货币——比特币。凭借区块链技术赋予的去中心化、安全共识的特性，比特币掀起了人们疯狂投资的风潮。而比特币的价值更是从刚开始时的一文不值，到单个币值达到五位数美元，造就了一个又一个亿万富翁。区块链作为开源的底层架构技术，更在之后催生了无数的数字虚拟加密货币。

然而，直到2015年，作为底层技术的区块链技术才开始渐渐走入人们的视野当中，并展示出强大的应用潜力。

从数字货币到智能合约，从互联网金融到分布式账本，区块链技术的应用就如同打开了一个神秘的魔盒，关于区块链技术应用的场景更是广泛地深入社会经济的方方面面：金融业、物联网、信用凭证、数字货币、智能电网、信用契约……

这些依然只是区块链技术应用的冰山一角，我们目前依然不知道它到底有多深的潜力。

没有技术与应用落地的项目是空中楼阁式的"庞氏骗局"，而区块链并不是。在过去短短几年的实践里，区块链技术作为一个分布式的数据库，应用的渠道超乎想象。

在这里，我们且将比特币等数字货币是否具有价值等无意义的争论放到一边，以务实的态度来探讨区块链技术在贸易、金融、互联网等方面的应用。而从这些方面来看，区块链技术意味着无限的可能。

对于金融行业而言，区块链将极大地降低记录、转账成本，改变信息储存和交易发生的方式，给全球银行和金融机构减少数以千亿计的记账成本。

从企业来看，21世纪的公司将在区块链技术的帮助下重建商业组织的深层架构，通过其新型自主经济代理媒介建立起分布式自主企业。

对于互联网而言，区块链技术将颠覆传统的中心互联网架构，重建去中心式的价值互联网。

区块链对于人类社会的意义可能更为深远。它标志着现代人类社会共识机制由机构信任向算法信任的转变，数字经济时代已经来临。在计算机兴起并普及的几十年间，计算机通信技术的融合带来了第一代数字经济的雏形。而融合了计算机工程、数学、密码学及行为经济学理念的区块链技术和思维方式则为未来数字经济的重新洗牌昭示了方向。

在20世纪60年代的美国，互联网建立的最初想法只是两个同事之间互发问候，是作为一个局域的交流系统而存在的。没有人知道，这个起源于几个人之间的小型局域网络最后连接起了几十亿的人群，将沟通的范围扩大到了这个星球的每一个角落。

在人类历史的进程中，每一种新式的媒体都让人们跨越时间、空间乃至躯体的限制，打造新的身份认知。在今天，区块链技术就意味着一次新的互联网重建。在万物互"链"的世界里，关于区块链技术的应用必将延伸到人类社会的各个角落。它将引起全新的变革，颠覆我们以往的认知。我们的躯体和意识将得到极大的延伸，更深地触摸到这个世界。

数字加密货币是否是真实货币的终结？区块链技术的未来究竟在哪里？万物互"链"的世界究竟是什么样子？这些问题有待区块链给出答案。

段守平

目　录

1　区块链 1.0：数字货币

1.1　技术的演进史　　003
1.1.1　拜占庭将军问题　　003
1.1.2　密码学隐私安全技术　　005
1.1.3　工作量证明演算法　　006
1.1.4　时间戳服务器　　007

1.2　比特币的诞生　　008
1.2.1　难以解决的"双重支付"问题　　008
1.2.2　加密货币　　010

1.3　区块链的基本概念　　013
1.3.1　区块 + 链　　014
1.3.2　创世区块　　018

1.4　比特币的三大环节　　020
1.4.1　挖矿　　020

  1.4.2 奖励机制 024

  1.4.3 分叉机制 026

  1.4.4 存储 027

  1.4.5 比特币的交易与归属证明 028

1.5 共识机制：工作量与权益证明 033

  1.5.1 工作量证明机制 034

  1.5.2 股权证明机制 036

  1.5.3 股份授权证明机制 037

  1.5.4 Pool 验证池 038

2　区块链 2.0：颠覆式创新技术

2.1 中心化与去中心化 043

  2.1.1 中心化 043

  2.1.2 去中心化的意义 046

  2.1.3 去中心化不等于去监管 048

2.2 共识机制：信用的重新构建 048

  2.2.1 互联网之得失 048

  2.2.2 可信的协议与机器信任 050

  2.2.3 重建信用之后 053

2.3 区块链的三种链条　　　　　　　　　　055
　　2.3.1 公有链　　　　　　　　　　　　055
　　2.3.2 联盟链　　　　　　　　　　　　057
　　2.3.3 私有链　　　　　　　　　　　　058

2.4 分布式账本：信息的绝对透明与公开　　060
　　2.4.1 现实中的账本　　　　　　　　　060
　　2.4.2 数字账本存在的问题　　　　　　061
　　2.4.3 分布式账本　　　　　　　　　　062

3 区块链：在数字金融上的应用

3.1 区块链在银行业的应用　　　　　　　　067
　　3.1.1 区块链在银行业的应用前景　　　067
　　3.1.2 区块链目前在商业银行的应用业务　068

3.2 区块链在证券及投资市场的实践　　　　072
　　3.2.1 区块链给资产证券化带来的变化　072
　　3.2.2 区块链在资产证券化领域的应用前景　074
　　3.2.3 区块链应用于资产证券化面临的挑战　075
　　3.2.4 区块链应用于资产证券化的建议　078
　　3.2.5 区块链在供应链金融领域的应用前景　079

3.3 区块链和新型电子商务 080
3.3.1 交易速度加快，交易环境透明 081
3.3.2 全新的交易方式 081
3.3.3 付款环节安全性更高 082
3.3.4 订单履行状况改善 083
3.3.5 加强数据安全 083

3.4 共享经济 084
3.4.1 区块链共享经济的基础协议 086
3.4.2 区块链共享经济的落地探索 088

4 改变世界的未来：区块链重塑互联网生态

4.1 区块链：建立价值互联网的基础 093
4.1.1 确权+交换 094
4.1.2 价值互联网的未来 096

4.2 区块链与大数据时代的邂逅 097
4.2.1 在区块链中使用大数据技术的可能 098
4.2.2 大数据+区块链意味着什么 099
4.2.3 大数据+区块链的商业前景 100

4.3 区块链+人工智能 102

5 "区块链+"：不可抵挡的新浪潮

5.1 智能合约，信用的初始 　　107
5.1.1 智能合约 　　107
5.1.2 智能合约的工作原理 　　108
5.1.3 智能合约的应用场景 　　109

5.2 支付进阶与数字货币的崛起 　　111
5.2.1 支付 　　111
5.2.2 数字货币 　　115

5.3 加入区块链的物联网 　　116
5.3.1 挑战 　　117
5.3.2 数据安全隐私保护 　　119
5.3.3 数据交易结算 　　119

5.4 让保险更加保险 　　121

5.5 区块链+IP 　　124
5.5.1 区块链+IP前景分析 　　124
5.5.2 区块链对文化传播的重要性 　　127
5.5.3 华人之星：文化市场需求与解决方案 　　130

5.6 区块链+政务公链 　　139
5.6.1 政务链 　　139

　　　　5.6.2　政务公链的落地　　　　　　　　　　　　　140

　5.7　区块链 + 医疗　　　　　　　　　　　　　　　　143
　　　　5.7.1　区块链 + 医疗前景分析　　　　　　　　　144
　　　　5.7.2　溯博 LeChain ——个人医疗解决案例　　146

6　路在何方：区块链未来之思

　6.1　区块链是挑战，更是机遇　　　　　　　　　　　151
　　　　6.1.1　区块链的机遇之思　　　　　　　　　　　151
　　　　6.1.2　区块链面对的质疑　　　　　　　　　　　153

　6.2　区块链面临的问题　　　　　　　　　　　　　　156
　　　　6.2.1　计算机算力与电力的严重浪费　　　　　　156
　　　　6.2.2　去中心化网络的消亡　　　　　　　　　　157
　　　　6.2.3　数据体积的扩大与交易缓慢　　　　　　　157
　　　　6.2.4　现行监管与政策的制约　　　　　　　　　158

　6.3　普通人如何参与区块链浪潮　　　　　　　　　　159
　　　　6.3.1　找一份与区块链相关的工作　　　　　　　160
　　　　6.3.2　实体企业"链改"升级　　　　　　　　　161
　　　　6.3.3　区块链服务商以顶层设计入股传统实体企业　164

附录　联合发起人星系图　　　　　　　　　　　　　　166

1 区块链 1.0

数字货币

1.1 技术的演进史

众所周知,区块链源自比特币,是构成比特币的底层技术基础。要追溯区块链技术的发展和演进,始终绕不开比特币这个话题。可以说,比特币作为第一个运用区块链技术而打造出的P2P(对等网络)电子货币系统应用,能在相当程度上反映去中心化的思维理念。

但是比特币区块链并不能完全代表区块链技术,真正的区块链技术并不是比特币的独创,而是长达数十年间计算机工程、数学问题、密码学、行为经济学等诸多学科研究成果的积累总结。要真正理解区块链去中心化的分布式系统理念,还要从"拜占庭将军问题"开始讲起。

1.1.1 拜占庭将军问题

拜占庭位于现在土耳其的伊斯坦布尔,是东罗马帝国的首都。当时拜占庭罗马帝国国土辽阔,为了防御敌人,每个军队都分隔很远,军队首领之间只能靠信差传消息。

图 1-1 古老的拜占庭骑士

我们知道，在信息沟通并不发达的古代，如何确保军队之间的协同作战一直是一件困难的事情。在战争时期，拜占庭军队内所有将军必须达成一致共识，才能指挥作战。但是，军队可能有叛徒和敌军间谍，从而左右将军们的决定，影响命令的向下传达，干扰军队整体的秩序。

在达成共同指挥行动的时候，有些信息或意见往往并不代表大多数人的意见。

这时候，在已知有叛徒的情况下，其余忠诚的将军如何不受叛徒的影响达成一致的协议，就是"拜占庭将军问题"。通俗来讲，"拜占庭将军问题"就是系统的各个环节如何取得共同认识的问题。

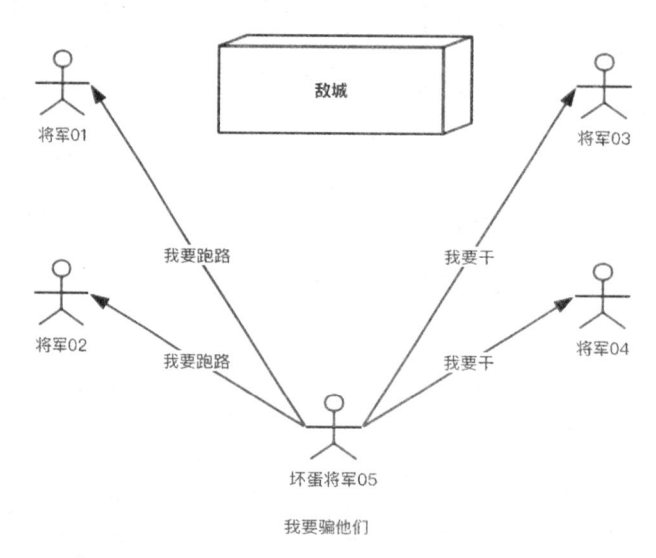

图 1-2　两军问题

1982年，计算机科学家莱斯利·兰伯特把各地军队彼此之间取得共识，决定是否出兵的军队调度问题，延伸到了运算领域，设法建立具备容错性的分散式系统。

在这个分散式系统中，即使部分节点失效，系统仍然可以确保正常运行。并且，多个基于零信任基础的节点能够同步达成共识，确保资讯传递的一致性。

除了是一个历史问题外，"拜占庭将军问题"更像一个计算机问题。这个问题的实质就在于容错理论。

我们知道，即使是在计算机领域，无处不在的运算错误也是根本无法完全消除的。这些错误会生成人们俗称的BUG（程序漏洞），进而影响到系统的正常运行。如何建立一套严密的机制不让BUG影响系统的运行，就如同古代的将军如何在规避卧底干扰的情况下完成严谨的战争指挥配合。

在历史领域，要解决"拜占庭将军问题"，无疑要保障情报和意见的公开透明化，同时还要防止情报被窃取，也就是命令的绝对安全性。

而解决运算领域的"拜占庭将军问题"——分布式网络一致性问题，所要仰仗的就是共识算法。针对这些问题，区块链技术提出了自己的解决方案。

1.1.2 密码学隐私安全技术

1982年，注重隐私保护的密码学网络支付系统首先被David Chaum提出。该系统不可追踪的特性形成了比特币区块链在隐私安全方面的雏形。在这之后，基于这个理论打造出的不可追踪的密码学网络支付系统数字现金（Ecash）也是这一理念的进一步发展。

到了1985年，Victor Miller和Neal Koblitz一起提出椭圆曲线密码学（Elliptic Curve Cryptography，ECC）。这个设想首次将椭圆曲线用于密码学，

建立公开金钥加密的演算法。相较于 RSA 演算法的非对称加密算法，采用 ECC 的好处在于可以利用数据量较小的金钥，达到相同的安全强度。

公开金钥加密技术也被称为双金钥密码安全系统，首先被发明于 19 世纪 70 年代。在公开金钥加密技术的管控下，每个系统的使用者同时拥有私密金钥（Private Key）与公开金钥（Public Key）两把钥匙。使用者可以将私密金钥作为银行卡的私人网银 U 盾，只有使用者自己知道并使用。

公开金钥可以让其他人知道，而且在传递信息或者交易时，必须使用公开金钥来进行交易加密，并通过私密金钥来解开。

这个过程的保密性十分复杂，想要由私密金钥推演出公开金钥很容易，但想通过公开金钥回推私密金钥，进行信息盗窃活动却很难。

1.1.3 工作量证明演算法

1991 年，W.Scott Stornetta 和 Stuart Haber 提出通过时间戳确保数位文件安全的协议。这个概念后来成为比特币区块链系统在这一方面的滥觞。

到了 1997 年，程序员 Adam Back 发明了 Hashcash（哈希现金）。Hashcash 是一种很容易被验证，但很难被破解的工作量证明（Proof of Work，POW）演算法。这个演算法根据成本函数的不可逆特性，在进行信息过滤与筛选方面具有极强的优势。即使是最早将其发明出来的 Adam Back 也没想到，这些他随手创造出来的用于筛选垃圾邮件的几段代码，在最后成了区块链系统中所采用的关键技术之一。

1998 年，一名网络黑客 Wei Dai 在局域网络上发布了一款名为 B-money

的分散式电子现金系统程序。在程序中，他同样引入工作量证明机制，通过强调点对点交易和不可篡改特性，打造自己的电子现金系统。Wei Dai 并未采用 Adam Back 提出的 Hashcash 演算法，在这点上可以说独具开创性。在这之后，Wei Dai 的许多设计应用于比特币，成为构建这一代码大厦的基石之一。

2005 年，程序员 Hal Finney 结合 B-money 程序与 Adam Back 提出的 Hashcash 演算法，创造性地提出可重复使用的工作量证明机制（Reusable Proofs of Work，RPOW），比特币采用 Hashcash 演算法来进行工作量证明。

Hashcash 之所以可将资料通过 Hash 函数转换为一组固定长度的代码，原理是基于一种密码学上的单向杂凑函数（One Way Hash Function）。

单向杂凑函数的验证程序十分简单，但破解的难度却很高。一般来说，通过 Hashcash 演算法加密出来的代码是无法被回推的，这也就保证了资料信息的不可篡改性。我们在前面也讲过，Hashcash 演算法在应用之初一直是作为过滤垃圾邮件的代码程序而存在的。

工作量证明机制的建立，使每一个分布式的节点共同参与到交易的过程中，让多方维护和同步验证成为可能。

交易记录是共享的，但共享的信任成本几乎等于零。这就是去中心化的分布式网络系统的实质。

1.1.4 时间戳服务器

在时间戳服务器（Timestamp Server）机制下，每个区块在创造之初都会在数据中添加一个时间戳（Timestamp）。

这个时间戳就是特定时间和特定交易的证明。时间戳是通过 Hash 运算得出来的，每一个时间戳与前一个戳一起进行 Hash 运算，这个 Hash 值再与下一个时间戳进行 Hash 运算，因此形成一个用来确保区块序列的链条。

椭圆曲线数位签章演算法、Hashcash 演算法、时间戳服务器、工作量证明机制，这几项技术正是构建整个区块链技术的基石，它们在数学的基础上解决了俗称的信任问题，使全部整体成为一个不需基于彼此信任，也不需仰赖单一中心化机构就能够运作的分散式系统。

这些技术解决的不仅仅是算法上的问题，更赋予了一种理念和思维的基因。我们在后面就可看到，技术赋予的区块链去中心化、透明公开的特性，是如何恰好为第一个去中心化的点对点电子现金系统——比特币的诞生埋下了伏笔的。

1.2 比特币的诞生

1.2.1 难以解决的"双重支付"问题

在比特币的历史上，我们永远都绕不开"中本聪"这个神秘的名字。他天才般提出了一个使用"点对点网络系统"的协议概念，并一手创造了比特币，可谓真正的"比特币之父"。

也正是在他之后，数字加密货币的概念真正为人们所认识。然而，在这之外，我们忍不住要提出这样一个问题：为什么是"中本聪"创造出比特币？

事实上，数字加密货币的概念早已经被提出。伴随工作量证明机制和密码学加密等计算机技术的日渐成熟，无数科学家们也一直在进行测试，希望能用这些技术来创造出数字货币。

在2008年，这种愿望变得尤为强烈。美联储量化宽松的货币政策造成了欧洲国家的债权危机，席卷全世界的次债危机引发了全球经济的大衰退。

在这样的背景下，人们对于政府货币的信心开始产生动摇。人们迫切希望着一种去中心化的、不被大型机构操纵发行的、全球通用的数字化货币。然而，在旧有的关于数字货币的尝试中，一直没能解决"双重支付"的问题。

数字货币本身是以虚拟信息的形式存在的，并不像实体货币一样具有真实的货币实体，其数据档案信息存在着被复制的可能。

我们假设有一笔交易，同时存在着"付钱"与"接收"两方。在交易达成之后，"付钱"一方明明已经付给别人但这些钱依然存在于"付钱"一方的账户，并没有被扣除。而收款者已经接收到的这一笔钱，就属于凭空多出来的一组数据，犹如伪钞一样。同一笔钱被重复消费两次，这就是"双重支付"的问题。这种情况的出现会造成数字货币的通货膨胀而导致货币贬值，从而不再让人信任并愿意持有及流通。

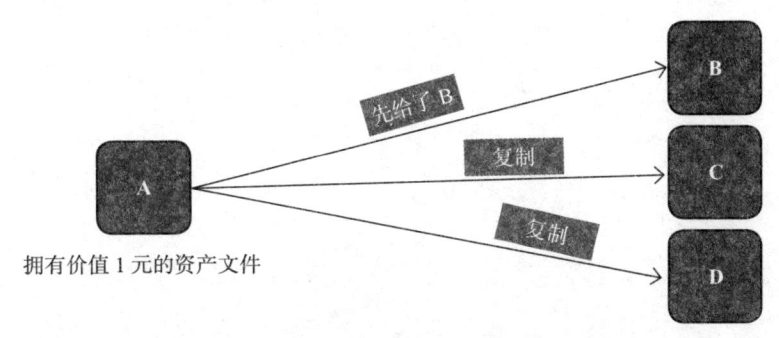

B、C、D在和A交易的过程中都不知道A复制了文件，这个文件被重复交易，这就是双重支付

图1-3 双重支付问题

解决这个问题就相当于开发数字货币的防伪技术，解决交易信息的不对称。

对传统货币而言，由于传统货币由国家或者金融机构发行，本身设计有复杂的防伪技术，而且有法律作为保护，其安全性得到了很大的保障。在虚拟的世界中如何防范"伪钞"，更好地监控货币的交易流动，始终是横亘在数字货币面前一道不可逾越的沟坎。

1.2.2 加密货币

在2008年的万圣节，有一个网名为"中本聪"的ID在一个十分隐秘的信息加密讨论组中发帖。在这篇帖子中，他设想了一种用于互联网的新型支付系统，也就是比特币的创造原理和大体框架。在相关的白皮书中，他描述了一个使用"点对点网络系统"的协议，试图在不具信任的基础上，建立一套去中心化的电子交易体系。

他的想法是依据一系列的运算法则创造出一种去中心化的虚拟货币。这种货币的价值不能被中心化的机构操纵，而是存在于分布式的公共网络之中。他将这个虚拟货币命名为"比特币"。

图 1-4 比特币

中本聪的"比特币"要想成功，就必须解决一直困扰着虚拟货币的包含"双重支付"在内的交易问题。也就是分布式的系统在没有第三方中心的情况下如何对交易做出监控。面对这些问题，中本聪给出了自己的解决方案。

第一，交易过程公开机制。

在比特币系统中，所有的交易对于任意节点都是公开的。哪些比特币是通过挖矿系统发放的，哪些又是通过交易获取的，这些会作为资料被储存在区块中。也就是说，账户里面的资产数量是通过以往的交易记录得出的，而非单个数据。

第二，时间戳验证机制。

在系统中，所有的交易都是有时间顺序的。只有前面的一笔交易通过了整个链条的公认验证之后，与之相关的下一笔交易才有发生的可能。在印上了时间戳之后，交易过程中就不会出现双重支付问题。

第三，交易需要通过算力确认。

要确认一项交易，必须投入一定量的算力资源。如果想更改某个区块上的信息，就必须对链条上的所有区块进行回炉计算。就现实情况来讲，先不提是否能拥有如此庞大的算力，就算拥有如此庞大的算力，相比较于收益，进行这样一项活动也是费力不讨好的。

比特币工作量证明机制的理念是：只有在犯罪的成本远远多于收益的成本时，系统交易的安全性才能得到保证。

在中本聪个人的想法中，通过整个比特币系统中的每一个节点都能获取任意一笔交易的相关信息。每一笔交易都是按照产生的时间顺序排列在公认的交易序列当中。只有当新的交易获得系统中大部分的节点认同的时候，这笔交易才能被通过。

在这些设想中，中本聪别出心裁地运用 P2P 技术和密码学加密技术支撑着自己的比特币技术与理论基石。这个想法赋予了比特币的四个特性：

（1）分散式去中心化储存。任意一个节点都能独立保存全部的记录。

（2）记录权利竞争机制。交易的认证不受中心控制，而是通过竞争的措施共同记录。

（3）零信任共识。已经通过的交易记录能够得到节点参与者的无条件认同。

（4）透明公开、可回溯、不可篡改性。

这个名叫"中本聪"的神秘人石破天惊般的畅想引起了所有虚拟货币爱好者的狂热讨论。

2009 年，中本聪为该系统建立了一个开放源代码项目，正式宣告了比特币的诞生。而中本聪本人则率先通过挖矿的形式获取了这个系统的首批 50 个比特币，首次比特币网络交易也随之正式完成。

图 1-5　存在于人们想象中的中本聪

与普通人所想象的并不相同，中本聪本人尽管因比特币的发明而声名鹊起，但他的真实身份却始终扑朔迷离，用"神龙见首不见尾"来形容再恰当不过。没有人知道他到底是谁，甚至不能确定他到底是一个人还是一个机构。而在比特币网络逐渐成形之后，他便悄然隐匿在茫茫的互联网之中，不见踪迹。从此之后，更是没有人能揭露出他的真实面目。

当然，中本聪是谁并不重要，重要的是他创造出的比特币网络协议本身。技术的成果往往比一个人更有生命力，也更值得我们去探索。比特币的诞生与中本聪其人息息相关，但完成后的比特币网络却早已逃脱了个体的控制，成为属于所有人的舞台。每一个颠覆性技术的产生往往都是从问题的解决开始的。

伴随着技术的发展和中本聪对于比特币协议框架的提出，比特币诞生了。在本章接下来的内容中，我们将从中本聪的设想出发，探讨比特币协议的运行原理和整体架构。

1.3　区块链的基本概念

作为一个完成的区块链系统，比特币协议包含很多的技术概念，其中有我们所讲到的工作量证明机制、匿名交易机制、数字签名、时间戳等技术。

正是这些技术保证了区块链在去中心化的网络环境中保持永不停息的运行。即由一个点出发，形成了无限延续的链条。这也就形成了区块链运行的基本概念：区块和链条。

1.3.1 区块+链

区块链的英文名称是 blockchain，顾名思义，就是由一个个区块组成的链。严格来讲，区块链本质上是一个严谨的分布式数据库。

通过对这个数据库的结构进行重新排列组合，区块链将大大小小的数据分成一个个区块，区块之间通过特定的信息链接，最终组合成为一套完整的数据。区块+链，就是"区块链"这三个字的来源。

在比特币系统中，大约每 15 分钟就会有一个新的区块被创造出来。所有的交易记录都会通过代码编译后储存在数据区块中，而每一个区块上都记录着在创建它时发生的一系列价值交换活动。这些交换活动的数据汇总起来就是区块。

区块记录的是本区块创造过程内的交易数据和过程，它的主体是交易双方的信息和相关内容。

尽管每一种区块链系统内部的区块结构不尽相同，但大致上依然以区块头和区块主体为主。就像人体的 DNA 序列一样，区块头通过与前一个区块链接保证整个系统数据库的完整性，区块主体里面则储存了整个区块创建过程中的交易记录。

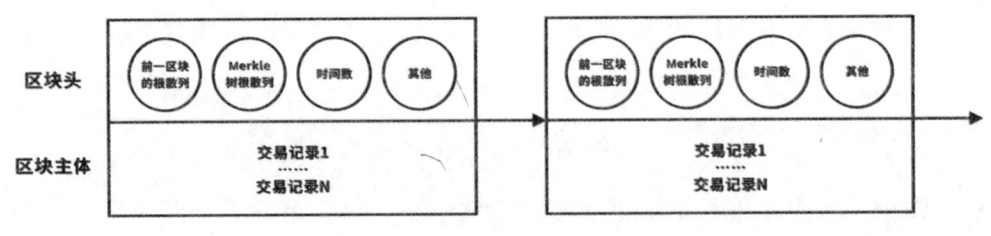

图 1-6 区块链结构示意图

在区块链中，区块主体负责记录交易过程中的具体信息，一般来说包括交易双方的信息、交易内容和数量、二次证明签名验证等。每一个区块头的内容和结构基本上是固定的。例如，在比特币网络中，每一个区块头的数据大小始终维持在 80 字节左右。

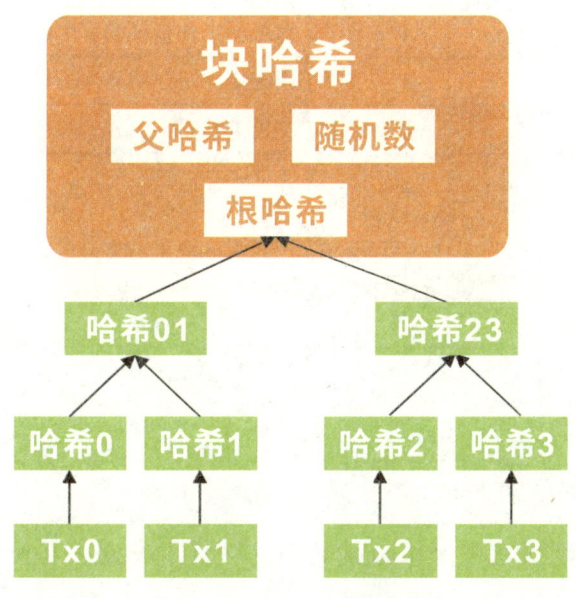

图 1-7　Merkle 树示例

通过区块的散列值，可以唯一地标识出区块链中的区块。每一个区块通过对前一区块散列值字段的使用，指向前一区块。通过时间戳＋散列引用的方式，构建了一条可以按照交易时间先后顺序追踪交易记录的链条，从而确保了区块链所记录的交易次序是按照时间依次发生的。而引入随机数＋Merkle 树根＋前一区块的散列值的当前区块散列值的计算方式，则保证了交易信息的真实、可靠。

表 1-1 比特币数据区块结构

字段		大小	意义
区块大小		4 字节	用字节标示的该字段之后的区块大小
区块头	版本	4 字节	版本号，用于跟踪软件/协议的更新
	父区块哈希值	32 字节	引用区块链中父区的哈希值
	Merkle 根	32 字节	该区块中交易 Merkle 树根的哈希值
	时间数	4 字节	该区块产生的近似时间（Unim 时间数）
	难度目标	4 字节	该区块工作量证明算法的难度目标
	Monoe	4 字节	用于工作量证明算法的计数器
交易计数器		1~9 字节	交易的数量
交易	交易 1	可变	记录在区块里的交易信息
	交易 2		
	交易 3		
	……		

如果将区块链比作一条锁链的话，那么"区块"就是其中的铁环，而前后的铁环首尾相接，便形成了"链"状结构。

区块头包括用来实现区块链接的前一区块的哈希值（又称散列值）和用于计算挖矿难度的随机数（Nonce）。前一区块的哈希值又是上一个区块头部的哈希值。

在区块链中，每个区块都会对前一个区块进行引用，这种引用不是像数字 1、2、3、4 式的简单排列，而是对前面区块的哈希值进行重复哈希运算。就像每个人的 DNA 是独一无二的，只要根据 DNA 就能分辨一样，区块头镶嵌的哈希值就是暴露在系统眼中的身份凭证。哈希值是无法篡改的，这也让每一个区块都独一无二。

表 1-2　区块信息

字段	字段描述	大小 / byte
版本号	软件协议的版本号	4
前一区块的散列值	通过计算得出的前一区块的散列值	32
Merkle 树根	本区块中所有交易信息计算生成的散列值	32
时间戳	区块生成的时间	4
难度	POW 的难度目标（动态变化）	4
随机数	用于 POW 计算中寻找满足难度的数字	4

在前面我们曾经简单地介绍过区块链的技术基础，其中一项就是密码学上的加密技术——哈希算法。在区块链的世界中，每一个区块的哈希值就是相应区块储存数据的"指纹"。储存在区块中的信息通过哈希算法的运算，输出一段固定长度的密文。这段密文为区块中的数据提供了保密性。

在这里，我们不用像程序员科普一样堆出大量的区块代码，因为那样并无必要。我们只需要记住，这些哈希值看起来像是一串毫无规律的乱码，但其实它们都遵循以下特征：

（1）相似性下的可比较性。通过哈希值，我们可以判断数据值是否相同。

（2）不可逆推。即使获取到了哈希值，也无法通过逆推得到前面交易的具体数据和内容，这一点给数据安全上了一把锁。

（3）长度固定。哈希值都是 64 个字符。

（4）单一对应。任何数据值都有相对应且不同的哈希值。

有人会问，哈希算法真的安全吗？如果算法被破解怎么办？

目前来看，当前的计算能力远达不到破解该算法所需的技术水平。仅破解第一代哈希算法，就需要 9 兆亿次计算，即普通电脑 CPU 运行 6500 年。

而区块链使用的第二代哈希算法需要的算力是第一代的 296 倍。即使不考虑时间，其经济成本也是天文数字。

经过哈希算法加密之后的区块被赋予了以下几个特点：

（1）有序性。区块按照区块编号排列，不可更改。

（2）规则性。一条链中的所有区块都满足特定规则。

（3）联结性。每个区块都存有上个区块的哈希值，后一区块紧跟着前一区块，无法拆裂。

（4）永久性。区块产生后，区块中的内容永久性保存，任何人都无法篡改。

1.3.2 创世区块

2009 年，中本聪创建了比特币的第一个区块，这个区块也被称为创世区块。创世区块是区块链系统中所有区块的源头，如果从系统中的任意一个区块往回倒推的话，最后都将回到创世区块。

在比特币网络中，创世区块的结构、内部信息（包括被创建的时间和各种内容）就像基因一样存在于系统的每一个节点之中。创世区块是每一个节点的首区块，为系统构建了一个可信并且安全的根。

比特币区块链有两个非常重要的特点：

（1）数据完整。每一个区块上记录的交易都是上一个区块形成之后，本区块被创建前发生的所有价值交换活动，这种时间限定保证了数据库的完整性。

（2）无法被篡改。新区块完成后被加入区块链，然后就会上传到公链，这是公开透明的，且得到其他交易节点的确认。要删改区块，除非删改掉公链51%的区块，而这是无法办到的事情。这个特点保证了数据库的严谨性，即无法被篡改。

区块链就是区块以链的方式组合在一起，从而形成数据库。这个数据库里的所有节点都基于价值交换协议参与到区块链的网络中，共享网络中的所有数据和交易。

如何共享网络中的所有数据和交易呢？

首先，除了创世区块之外，每一个区块的块头都包含了前一个区块的交易信息和数据。无论哪一个区块的块头所包含的交易信息和数据，都可以回溯到创世区块，共享创世区块的信息。所有的区块连接起来，就形成了一条长链。

其次，若不知道前一区块的交易信息和数据，就无法生成当前的区块。因此，区块的形成必须有时间的先后顺序，并按照顺序依次形成一个一个区块，每一个区块包含前一个区块引用的结构，让现存的区块集合形成了一条数据长链。

可以说，一个区块就是一段历史，它以"区块+链"的方式为我们诉说了一个数据库的完整历史。从创世区块开始，到当前区块为止，区块链上存储了系统全部的历史数据。

正因为一个区块是之前所有区块数据的浓缩，所以每一个区块都拥有数据库内每一笔数据的查找功能，都可以回溯数据，并对数据一笔笔地进行验证。

区块链形成了一个等式结构：区块（完整历史）+链（完全验证）=时间戳。

区块链数据库让全网的记录者在每一个区块中都盖上一个时间戳来记账，表示这个信息是这个时间写入的，从而形成了一个不可篡改、不可伪造的数据库。

这个数据库的形成，一言以蔽之，就是将一段时间内生成的数据打包成一个区块，盖上时间戳，与上一个区块衔接在一起，而下一个区块的页首包含了上一个区块的索引数据，然后再在本页中写入新的信息，从而形成新的区块，最终首尾相连，形成区块链。

1.4 比特币的三大环节

1.4.1 挖矿

我们知道，比特币区块链网络是一个完全去中心化的分布式记账系统。既然没有中心，那么是谁将比特币的交易信息记录到区块链当中的呢？也就是说，谁来维持比特币网络协议的运行呢？

在这里，我们一直称呼为矿工的比特币网络组成部分就出现了。

在比特币网络中，我们将网络中的节点称为矿工。矿工的主要工作是接收发送到公共网络上的交易记录，按照要求逐个检查比特币交易记录，如检查对应交易的数字签名、每条交易的输入输出值是否正确等。

矿工需要将合格的交易记录收集起来，添加进自己正在制作的新区块中，按照固定的结构组成新的区块。

当矿工的新区块被制造出来后，首先会被发送到公共网络的各个节点中。其他（矿工）节点将按照上述的流程检查这个新创造的区块是否符合要求。如果这个区块获得了大部分节点的认同，就会被添加到该节点存储的区块链的末尾，成为链上新的一环。我们将矿工们生成新区块的过程，称为挖矿。

图 1-8 挖矿

在挖矿的过程中，也存在着一个问题。在比特币网络上有许许多多的矿工，每个矿工都能生成新的区块，所以在同一时间内可以生成许多新区块。假设这些新区块都不相同，但又都是符合要求的，又该如何选择呢？

比特币网络如果像一棵树一样往四面八方延伸的话，这无疑违背了它的创造理念，只会变得越来越笨重、迟缓。所以，基于建立之初的规则，比特币网络只能支持一条区块链延续，即使有几百上千个同时产生的新区块，区块链网络上的所有节点也只能选择同一个区块作为这个链条的一部分。

既然要选择，那么选择的标准是什么？

我们第一要考虑的当然是时间，但是再快的局域网络都存在着延迟的现象，更不要说分布于世界各地相距万里的众多网络节点了。在大多数情况下，基本每个节点接收到的新区块都是不相同的，这样一来，光是要考虑选哪个就成了一个大问题。

在这里，比特币网络采用了一个巧妙的方法，那就是限制单位时间内生成的新区块的数量。在系统之中，每十分钟只有一个矿工能够将自己制作的新区块发送到公有网络当中。

既然只有一个，那选择的问题在无形之中也就解决了。网络上所有的节点都只要将这个十分钟内唯一的新区块添加到区块链网络上就行了，这也就确保了网络上所有节点矿工工作的一致性。

工作量证明机制还需要每个矿工在制作新的区块的同时完成一个额外的工作。只有在完成额外的工作之后，新的区块才能被发送到公共网络当中。

这个额外的工作包含两部分：

第一，通过运算，将新区块内包含的所有交易记录和区块内部的基本信息重新组合成为一个新的字符串，每一个区块的 SHA256 函数值与其一一对应。区块的 SHA256 函数值就代表这个区块，如果第 Y 个区块包含第 X 个区块的 SHA256 函数值，则表示第 Y 个区块的前一个区块是第 X 个区块……区块链中，每一个区块都包含前一个区块所有内容的 SHA256 函数值，区块链就是靠各个区块的 SHA256 函数值将这些区块有序地串联而成。

第二，在第一部分得到的字符串末尾添加一个随机数，组合成一个新字符串。将这个新字符串输入SHA256函数，得到一个包含256位的二进制数。假如这个二进制数的前73位全是0，才算成功完成了这个额外的工作。当某个矿工找到这个随机数后，就将随机数添加到新区块中，并把新区块发布到比特币网络上。网络上的所有节点收到这个区块后，就将这个区块按照前面的规则组成新字符串，并将这个新字符串输入SHA256函数，检查二进制数是否符合要求。如果符合要求后，再检查这个区块是否符合要求，交易记录是否符合要求等。如果一切都没有问题后，就将这个区块添加到该节点存储的区块链的末尾，因为只有一个新区块，所以避免了从很多区块中选择一个。

当某个矿工发现了一个区块，而这个区块符合衔接到区块链的资格，就向周围的节点发送这个区块，并告诉它们这个区块可以衔接到区块链。接收到消息的节点检查这个区块后，发现符合要求，就将这个区块衔接到自己电脑的区块链上，并给这个区块打上标记，标记这个区块是哪个矿工发现的，并标记上相应的奖励数量。然后，这个节点向自己周围的节点发送同样的内容，收到消息的节点执行同样的过程，这样一传十、十传百，这个新的区块很快就能得到全网在线比特币节点的确认，从而添加到区块链上。与此同时，给发现这个区块的矿工的奖励也得到了确认。

找到这个随机数纯粹靠运气，但矿工的运算能力越强，则运气越好。也就是说，进行SHA256函数计算的速度越快，单位时间能够试算的随机数越多，就越可能最快地找到这个随机数，这个过程就是挖矿。

1.4.2 奖励机制

作为一个公有的网络，到底是什么激励着矿工不辞辛劳地维持着比特币区块链网络的运行呢？答案就是比特币协议特有的奖励机制。

矿工每制作一个新区块并发布到比特币网络上，就会得到来自比特币网络的代币奖励，也就是比特币。

除此之外，这个区块的所有交易记录的所有交易费用也归这个矿工所有。2017年每个区块的交易费用大约为2BTC，而每成功制作一个新区块将获得12.5BTC的奖励，所以矿工将获得14.5BTC。

比特币是比特币网络自行发行的一种虚拟货币。传统的货币是印刷出来的，比特币则是通过矿工挖矿制造区块创造出来的。

在比特币网络中，比特币的数量被永远地限定在了2100万个。发现每个区块而增加的比特币数量每四年减半，2017年比特币的总数应该是1700万个左右，而每将一个区块加入区块链就奖励12.5个，所以截至2140年所有的比特币将被挖光，比特币将不会再发行。正是因为比特币发行数量的固定数量，才保证了它不会像传统的货币一样有通货膨胀的危险。

2009年比特币刚问世的时候，往区块链上添加一个区块会奖励50个比特币，这个奖励每四年减半，到2013年的时候，奖励变为25个比特币。目前2017年的奖励是12.5个比特币，这就是比特币的发行方式。

神奇的是，这个奖励并不是某个权威机构或者某个人发放的，它是得到所有运行比特币软件的电脑共同确认后产生的，没有谁可以拍板，一定要大家都承认才行。因此，比特币的数量和交易是被严格记录在案的，也就不存在被伪造的可能。

比特币发展到了现在，伴随着奖励的降低和挖矿人数的不断增多，比特币挖矿的难度也呈几何倍数增加。有人在2015年做过统计，在当时，一台普通的个人电脑进行挖矿运算，足足需要几十万年才有可能挖矿成功。

伴随着极高的运算成本，挖矿成功的奖励同样很丰厚。以现在来讲，比特币的价格达到每个15000美元，挖矿成功一次奖励12.5个比特币，也就是200000美元上下，如此丰厚的回报的确可以成为人们疯狂挖矿的动机。

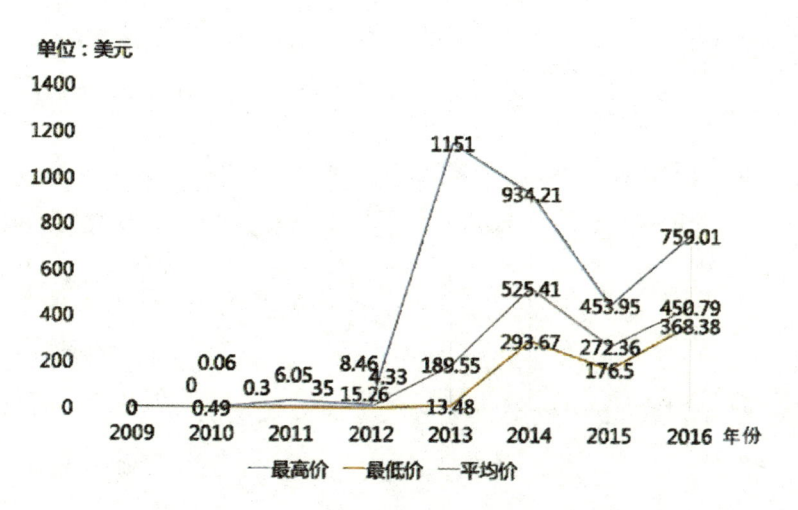

图1-9　2009—2016年比特币每年价格变化

在比特币网络的发展中，挖矿作为一种有偿的维持比特币生态的方式，是比特币这一分布式账本能够运行下去的最大助力。它不是现实意义上的挖矿，而是将用户交易比特币的数据加入区块链，由此获得相应的奖励。

1.4.3 分叉机制

那么有没有可能两个矿工同时找到一个符合要求的随机数并且制作了一个新区块？可能，而且经常发生。

图 1-10 分叉机制运行原理

对于这种情况，比特币网络是这样处理的：对于这两个区块，比特币网络选择将这两个区块都保留下来，并将这两个区块都添加到区块链的末尾，从而区块链出现了分叉，形成了两个支链，矿工也会保存这两个新区块。但是，矿工都是在自己先接收到的区块基础上创建新区块，由于有的矿工先接收到区块1，有的矿工先接收到区块2，所以有的矿工就在区块1的基础上制作新区块，有的矿工就在区块2的基础上制作新区块。如果新区块基于区块1制作，接收到新区块的节点将会放弃区块2，也就是说，区块链出现支链的话，网络上的所有节点只认可最长的那条支链，从而保证了区块链的唯一性。

如果支链的基础上又同时出现分叉，那么较短的支链将被放弃。被放弃的支链中区块上的所有交易记录如果没有添加到主链上，则会被重新认定为未确认交易，等待重新加入新区块中。

针对这种情况，在储存交易记录的区块后方添加上数量不等的区块之后，交易记录才能被比特币网络真正认可。一般来说，添加的区块数量按照交易规模的大小从一个到六个不等。

1.4.4 存储

一个现金账户系统要想正常运行，第一个要解决的问题就是记账问题。记账采用什么方式，账户的储存载体是什么，怎样记账，这些都是在实际操作中面临的问题。在金融机构开立账户的时候，账户信息往往是以客户的身份储存进该机构的中心服务器，成为它们的保密信息。

越是严谨的金融机构，对于资金的转移和结算审核就越严格。一笔数额不大的资金从一个账户转移到另一个账户，不知道要在内部进行多少复杂的审核程序，这些程序的复杂程度往往是一个普通的用户感受不到的。

在今天，凭借超级计算机强大的计算能力，跨行乃至异地转账变得十分简单，但跨国之间的经济交易依然十分烦琐。

因为不同金融机构内部的记账系统是独立专用的，互不相同。它们往往由自己的机构创建与维护，而我们也乐得由这个中心化的机构来守护自己的财产。

在中心化记账系统成为常态的时候，比特币作为一个去中心化的分布式网络记账系统，又是怎样记账的呢？实际上，比特币是利用分布的区块来储存账目信息，通过链条来达成信息共享的。

我们前面讲过，区块链是由无数个区块构成的，而每个区块的结构又包括区块头和区块主体。区块头的大小基本恒定，里面包含着相同的原始信息，同时通过与前面区块相联系的哈希值组成链条。

长达64位的哈希值独一无二，确保了每个区块身份的独特性。同时，无法通过哈希值倒推前面的区块，这也防止了区块链信息被篡改的可能。

表 1-3 比特币交易过程

交易	目的	输入	输出	签名	差额
T0	A 转给 B	他人向 A 交易的输出	B 账户可以使用该交易	A 签名确认	输入减输出，为交易服务费
T1	B 转给 C	他人向 B 交易的输出	C 账户可以使用该交易	B 签名确认	输入减输出，为交易服务费
...	X 转给 Y	他人向 X 交易的输出	Y 账户可以使用该交易	X 签名确认	输入减输出，为交易服务费

储存在区块主体内部的交易信息有两种：第一种是系统发放给挖矿节点的报酬，在比特币网络中就是我们所说的比特币。比特币只能通过挖矿这样一种特殊的方式产生。比特币的产生是有特定时间和数量限制的，所以第一种交易信息偏少，大部分都是第二种交易信息。

第二种交易信息就是转账交易，一个节点将自己节点所拥有的比特币支付给另一个节点，比特币内部的价值转移只能通过这样一种途径进行。

不管是新产生的比特币还是原有的比特币，它们的数量都是处于系统严格的监控之中，既不会凭空增加，也不会凭空减少，始终维持系统历史发放的数量。比特币发行的总量是 2100 万个，比特币的交易也只有发行和转账两种形式。

1.4.5 比特币的交易与归属证明

比特币账本记录的其实就是关于比特币交易的过程和信息。记录的内容以电子的形式通过互联网保存在世界上大大小小的节点当中，实现分布式镜像储存。

当交易的信息被记录和储存之后，比特币的所有者可以通过正确的地址和密钥来证明自己对于一定数目比特币的所有权。就像客户在银行办了一张银行卡一样，当客户想取款的时候，为了证明自己是该账户资金的所有者，往往要同时出示自己的银行卡和密码。

在比特币网络中，网络节点在系统中的地址就相当于公开的身份证明，而系统发放的密钥则是账户的密码。

在比特币交易的过程中，密钥的存在至关重要。假如小偷偷走了银行卡，只要及时冻结账户，财产将会安然无虞。在比特币系统内，密钥就像银行卡密码一样只匹配唯一对应的比特币，并且作为私钥的密钥的存在完全匿名，遗失或被偷的可能性微乎其微。

为了明确虚拟网络货币的归属，比特币采用了加密技术。加密技术的发展十分复杂，经历了好几个阶段。

表1-4 加解密算法的类型

算法类型	特点	优势	缺陷	代表算法
对称加密	加解密的密钥相同	计算效率高，加密强度高	需提前共享密钥，易泄露	DES/3DES/AES/IDEA
非对称加密	加解密的密钥不相关	无须提前共享密钥	计算效率低，仍存在中间人攻击的可能	RSA/ElGamaL/椭圆曲线系列算法

在一般情况下，加密逻辑被包含在一个逻辑严密的代码之中，防止被破译。但即使是最为严谨的人造代码，也难免存在漏洞，总有被破译的时候。针对这种情况，比特币采用了对称密钥加密技术。对称密钥加密通过一个对称的密钥进行数据加密，然后传输或者保存，需要的时候再通过同一个密钥

进行解密还原原来的数据，从而杜绝了被破译的风险。

当然，对称密钥加密技术也有一个极大的缺点，那就是密钥信息是共享的，在跨组织的场景下，密钥无法得到足够安全的保存。

后来，非对称加密算法被网络安全专家们发明出来。举例来说，RSA 就是非常具有代表性的非对称加密算法。在这种算法下，每个用户都拥有两个密钥，一个是公钥，另一个是私钥。公钥可以被私钥推导出来，但是反过来却不行。

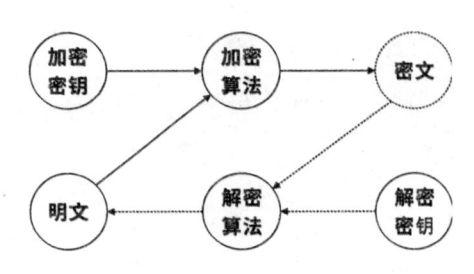

图 1-11 加解密的基本过程

假定甲向乙传递数据，那么甲使用公钥进行加密，乙使用私钥进行解密，因此，乙需要小心地保存好私钥，而公钥是公开的。这种典型的非对称加密场景，能够有效地防止数据被偷窥、篡改。

非对称加密还能应用在签名验证领域，签名是加密技术的逆向应用。例如，客户乙可以通过公钥解密客户甲利用私钥加密传递过来的数据，而且只有当解密成功的时候，才能证明数据来源的真实性。这样的规则将有效地防止数据被篡改。

从这两个场景中我们看到，公钥是公开的，可以发给任何人，而私钥是私密的，用来解密或者签名。

在实际生活场景中，各种各样的密码被我们用在对各种私人账户的保护上。在经济活动中，通过个人独有的信用凭证来进行交易更是稀松平常。在区块链网络中，我们是通过密钥来实现虚拟货币的价值转移的。

交易的过程充满无数的细节。比特币在交易正式完成之后会被锁定在新的地址上，拥有这个节点地址的个人或机构凭借密钥签名认证实现自己对这个地址上比特币的所有权归属。即使在其将账户中的比特币交易之后，这些比特币依然不会消失，会继续被锁定在合法交易者的地址上。任何在规定状况下进行的交易都是被允许的。

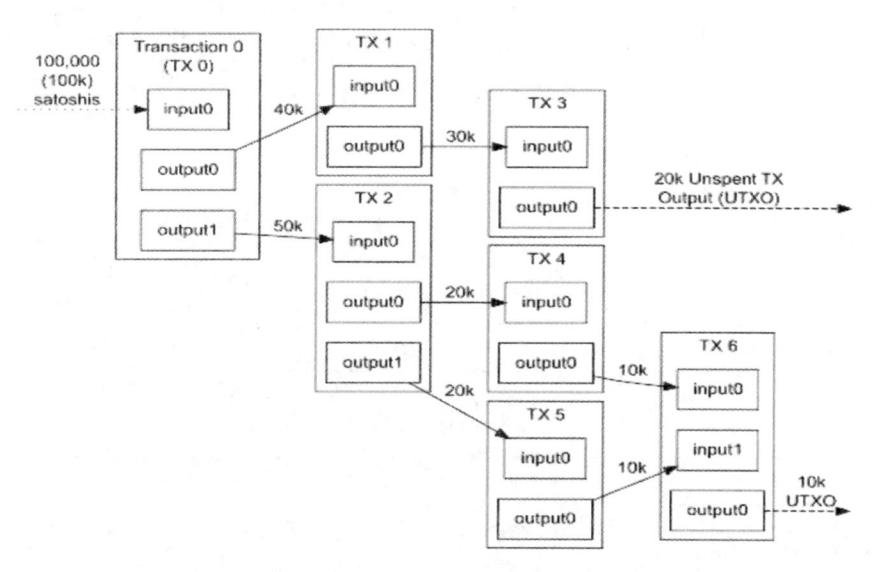

图1-12　比特币系统中交易的输入输出过程

交易的过程以两大行为为主，一个是地址锁定，另一个是解锁过程。地址锁定就是加密，类似于关锁。脚本的锁定和解锁认证构成了交易输入和输出的过程。

两个脚本中的一个将比特币关联在节点地址上，证明比特币的所有权归属，另一个则为解锁提供证明，证明地址的所有权与比特币的交易权限。

让我们再从实际的交易场景中解锁这两种机制：

即使是币圈的外围观望者，也应该听说过那个用10000枚比特币买了两个比萨的程序员的故事。

2010年，美国佛罗里达州一位名为Laszlo Hanyecz的程序员，用10000枚比特币买了两个"约翰爸爸"（Papa John）的比萨。现如今，这10000个比特币的价值达2.7亿元人民币。

先不去探讨这位程序员后来究竟有多后悔，我们先来看看这笔交易是如何完成的。在交易之前，Laszlo Hanyecz拥有的10000个比特币用私钥加密锁定在Laszlo Hanyecz的比特币地址A上，其来源是挖矿所得。当他拥有这些比特币时，锁定脚本就已经运行了。

表1-5　锁定脚本的逻辑格式

比特币数量	来源	锁定地址
10000	挖矿所得	地址A

表1-6　解锁脚本的逻辑格式

锁定地址	解锁
Laszlo Hanyecz的地址A	地址A用私钥对前一区块头的哈希散列值签名认证，地址A用公钥解密

具体的解锁过程可以分为以下几个步骤：

第一步，系统会通过已知的公钥将地址推导出来，验证是否一致，只有通过了系统的检验，才能进行下一步。

第二步，根据公钥解锁签名认证，解锁成功的前提是运算出来的值与上一个区块的哈希值一致。只有这两步都满足了要求，才算完成了解锁过程。

比特币的归属权和交易证明利用的是密码学加密的原理，首先保证的就是数据的安全性和不可篡改性。

1.5 共识机制：工作量与权益证明

从实际来讲，比特币这一数字虚拟货币的核心在于它是由去中心化的网络发行的，不依靠特定的中心机构来维持，是分布式存在的。要达成分布式储存，实现各个节点协同工作，就必须完成名为"工作量证明"的共识重建过程。

达成共识的过程就是我们所说的"挖矿"。挖矿实际上是利用系统各个节点的计算资源来解决竞争问题的一个方案。网络记录权的竞争是激烈的，难度也是动态可调整的。首先解决数学问题的矿工将优先获得记录区块的权力，同时新产生的区块也会被按照时间顺序接在主链的后面，成为链条延续的一环。

区块链是比特币系统的底层技术架构，是一个分散的数据账本，将决策的权力分配给系统区域内大大小小的节点。这些节点共同参与决策，依据的规则就是共识机制。

取得共识就是决定哪一个节点获得记账的权力，共识机制是确保交易完成的技术和制度手段。共识的取得与安全限度有很大的关系，越是安保程度高的系统，它处理问题的速度就越慢。比特币要保持高度的安全性，就必须以牺牲一定程度的效率为代价。

共识机制的建立不是单项技术能够达成的，至少从目前来讲，区块共识机制的建立要依靠以下四种技术的支持。

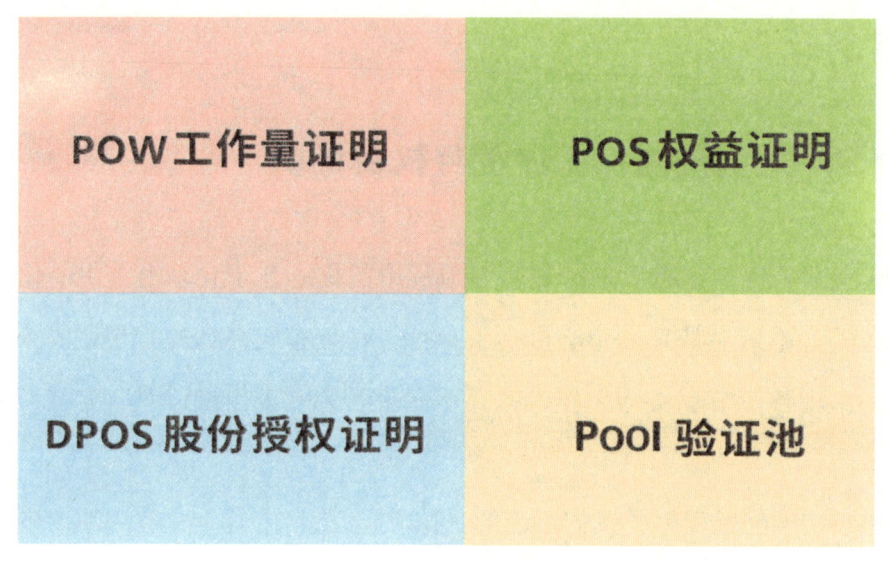

图 1-13 四种技术基础

1.5.1 工作量证明机制

工作量证明机制要做的就是对竞争结果进行判定。在挖矿环节中，每个用户得到的比特币数量与贡献的算力有直接关系。用户能够控制的算力资源越多，挖到比特币的概率就越大。如果要类比的话，可以用按劳分配来解释。

根据工作量分配货币归属权，就是工作量证明机制的实质。

通过运算，整个比特币系统将会按照规则得出一个随机数，获取这个随机数是全看运气的。只有获取了这个随机数，才能获得记账权力。区块建立之后，该区块的信息会被全网公布并记录，并被全网其他节点一起保存。

通过发行虚拟货币来获得维持系统运行所需要的算力，借此来保障整个网络的成长，这就是工作量证明机制的作用。在系统的鼓励下，用户会积极地投入到挖矿的过程中，不断增强对算力资源的投入。事实上，现在市面上的所有虚拟货币，都是按照POW模式来进行工作量证明的。计算机的性能越好，贡献的算力越多，能够得到的系统奖励也就越多。

通过计算出来的符合标准的区块头部的哈希散列值，我们就能够衡量工作量的大小。每一个参与记账权争夺的系统节点都是挖矿节点，这些节点会按照既定的规则对从其他节点获取的交易信息进行验证，并在验证通过后存入缓存区。这样就形成了一定的交易储存结构——Merkle树。

根据区块的基本信息，区块头首先被制造出来。区块头的大小一定，通常由前一个区块的哈希散列值、时间戳证明、难度认证，以及一段完全随机的数值组成。这一段完全随机的数值是在挖矿的时候产生的，它能够让区块头的哈希散列值符合某一个标准。例如某段哈希散列值的前某些位为0，难度目标就是用来表达哈希散列值标准的难度系数，可以通过概率算法计算出难度值与挖矿成功的可能性。

当网络上的矿工接收并验证了交易之后，就开始进行挖矿工作了。矿工要做的就是通过计算得出满足某一个难度值的区块头的哈希散列值。如果计算成功，那么该矿点就算挖矿成功，可以向全网广播挖矿所得。全网节点验证后，就会把这个区块连接到区块的最上端，并且在全网达成一致。

要使挖矿成功，矿工必须经过无数次的随机值填充实验，不断尝试将产生出来的随机数填充到区块头部，计算匹配的哈希值。

工作量证明机制的优点是能够实现完全的去中心化，各个节点自由进出，最适合应用在需要大量算力投入的航天研究乃至基础科学研究方面，但它的缺点依然不小。首先，消耗在无意义的挖矿活动中的大量计算机资源触目惊心，浪费情况严重。其次，比特币的火热已经吸引了太多的算力，没有给其他采用工作量证明机制的区块链技术留下太多算力资源。

尽管在商业途径上缺乏进展，但我们依然看好POW工作量证明机制在科学探索领域的前景。

1.5.2 股权证明机制

股权证明机制（Proof of Stake，POS）又称为权益证明机制，它会根据用户持有货币的数量和时间派发利息，类似于股息。

POS股权证明机制是工作量证明机制的升级共识机制。在POS模式下，产生了一个名为"币龄"的概念，每个比特币每天产生1币龄。

根据用户持有的虚拟货币的数量和拥有的时长，用户将会有一定的概率获取记账权益。越是持有代币越多的用户，获取的记账权益就越大。

假如用户发现了一个POS区块，则其币龄就会被清空，用户每被清空365币龄，将会从区块中获得0.05个币的利息（可理解为年利率5%）。

随后，系统会进行一个SHA256的哈希运算，基于交易输入和其他一些固定数据，以及当前时间得出哈希值。该哈希运算类似于比特币的工作量证明，其难度与交易输入的币龄成反比。由于币龄清空为零，所以每发现一个新区块，矿工的算力也归为零。

与 POW 相比，POS 是一种升级的共识机制，根据每个节点代币数量和时间的比例降低挖矿的难度，加快随机数的寻找速度。

在实际运作中，POS 在一定程度上缩短了共识达成的时间，提高了交易的效率，而安全也更有保障。对于金融交易领域来讲，拥有这样的记账系统，意义非常巨大。在区块链技术前沿应用领域，POS 技术有着非常高效的运用。

1.5.3 股份授权证明机制

作为一种新的加强货币网络安全的共识算法，股份授权证明机制（DPOS）引入"第三者"参与到共识机制的建立过程之中。

针对传统的工作量证明机制的运行缺点，股份授权证明机制寄希望于通过更广泛的民主来对中心化的负面影响进行最大限度的限制。

DPOS 的工作原理是最大化持币人的盈利，同时将维护网络安全的费用维持在最小的水平。类似于董事会按照股东所持有的股份赋予表决的权力，这样的规则能够最大化网络的效能。

与其他两种证明机制相比，DPOS 不管是参与的节点数量还是验证的安全程度，都有极大的提升。相比于比特币数分钟共识验证的频率，以秒为单位参与的共识验证无疑要高效得多。节点的缩减打通了交易认证的各个环节，让达成认同的速度更快。

相较于传统的 POW 和 POS 系统，DPOS 能够在单一区块内容纳更多笔交易，将加密货币技术带到一个新的层次，使其能够与中心化的结算系统相媲美。

1.5.4　Pool 验证池

Pool 是一种基于传统的分布式一致性技术建立的，并辅之以数据验证机制的共识机制。在目前的区块链行业运用当中，这一项共识机制应用最为广泛，也最能得到认同。

Pool 不需要发行虚拟数字货币就能工作，也是 Pool 验证池的特点。为了提升验证的速度和安全性，Pool 建立在成熟的分布式一致性算法的基础上。

作为区块链网络的核心，共识价值是通过工作量凝聚的。将系统的权限下放到参与的无数个小节点上，联合起来的分布式节点极大地弱化了中心的权力。

尽管在去中心化的程度上与比特币相比稍显不足，但 Pool 更适合多方参与的多中心商业模式。

共识机制造就了整个比特币协议的去信任性质。区块链提出的"去信任"不是不需要信任，而是指信任由基础数学算法保证，所以天然是有信任的，信任来源于整个区块链数学系统，无须额外建立信任中介。区块链构建去信任机制后，整个系统中的每个节点之间都能进行数据交换，整个系统的运作规则是公开透明的，所有的数据内容也是公开的。

之所以要把比特币区块链的共识机制单独提出来讲,是因为它实在是太重要了。它重建了信任,并且将一个分散的网络协议连接起来,而并不单单以一种技术而存在。它赋予了区块链网络诸多特性,我们也将在下一章从技术之外谈论区块链技术的这些特性在认知上的意义。

2

区块链 2.0

颠覆式创新技术

2.1 中心化与去中心化

2.1.1 中心化

中心的本质是控制。

从人类有记载的时候开始，人们就知道将资源和信息集中在一个地方。尤其是在工业时代，中心是一个集中所有资源和数据的地方，是所有路径的交错点。人们将生产和工作都集中在一起，从而达到完全控制的目的。中心能够控制所有的过程，保证准确和无误，其重要性不言而喻。

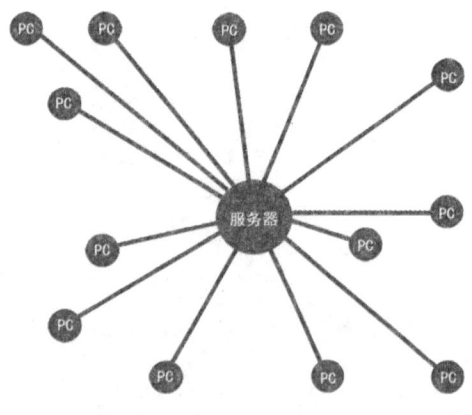

图 2-1 中心化网络形式

对于封建国家，我们将"中心化"形象地称为"中央集权"。

中央集权有弊有利。在政治昌明、经济繁荣的朝代，大权独揽的英明国王可以尽情地发挥自己的才能，下达指令，很好地管理好自己治下的国家。而如果这个国家遇到的是一个昏庸无能的君主，那这个国家就时刻面临着从上到下的各种矛盾。

历史给出的结论是,将所有的决策都交给一个人是不可靠的。

计算机也一样。计算指令从中心传达到底层再到执行要经历无数的环节,最初的指令在经过一层层的传递到达最后的执行环节时已经面目全非,造成最后的执行结果与最初的预期完全不同。并且信息在传递的过程中需要时间,有可能信息从中心点发出后在到达执行点的时候已经错过了最好的执行时机,导致结果大打折扣。

在互联网的建设过程中,互联网的创造者们曾想过设立一个中心来交换数据,但这个方案很快就被否定了。因为互联网有巨大的数据需要处理,设立一个中心虽然达到了绝对控制的目的,但将引出更多的问题。

区块链与去中心化

图 2-2 去中心化与中心化的对比

由一个中心来处理整个互联网的数据,将使这个中心非常容易发生错误和故障,而一旦这个中心出现问题,便会导致整个互联网崩溃,造成极大的损失。

通过去中心化的形式,可以大大提高互联网的效率。虽然采用去中心化的形式后,整个系统看似处于"失控"的混乱状态,会频繁出现许多小错误,但这样的形式却可以避免互联网出现大的错误,这便是去中心化的意义。

虽然在设计之初互联网还没有明显的中心概念，但伴随着互联网与人们的生活越来越紧密，类中心化的机构还是出现了。

在互联网时代，提到互联网的中心，无疑就是各种大型的机构和公司。这种中心化的模式是目前最主流的商业模式，各种已经存在的商业中心服务器掌握着与人们生活息息相关的各种数据，涉及衣食住行的各个层面。

在现代社会，想要生活下去，就必须求助于那些信息的掌控者，也就是大型的商业公司或者机构。久而久之，人们不得不依赖这些掌控者，因而这些掌控者就变成了权威。

中心化的问题很多，如发行货币的银行可以不需要客户的同意，就可以无限制地印刷钞票，使客户的财富贬值。客户存在银行里面的钱，其实并不归客户所有。等到银行面临危机的时候，银行还能够对客户限制每天的取款额。这样一来，银行里面的存款究竟还是不是客户的呢？

传统集权式的企业面对的中心化问题更加严重。现代企业的所有权模式不是以股份制就是以私有制的形式注册在案。公司上上下下围绕几个董事会成员，等待他们发号施令，宣读公司发展的方向。

现代公司的结构就如同古老的王朝统治一般，其组织结构是自上而下的，等级分工明确。CEO（首席执行官）几乎左右着公司发展上的所有决策。

中心化导致的问题包括下层执行积极性的下降和管理层腐败问题的出现。越是在大公司，信息传递越容易出现滞后以及不准确性。这种滞后性虽然能够通过更加紧密的分工加以缓解，却带来更加严重的机构臃肿问题，从而不断陷入新的死循环之中。

随着经济社会的发展，新的问题还在不断地出现，即使是最精明的商人和最优秀的管理者也对此束手无策。以一个正常人类的身体和精神强度来讲，成为一个大型公司的决策中心是不可靠的。

最近数十年的研究数据表明，基于中心化的平台网络最后将以失败告终。另外，用户放弃对私人数据的控制权换取生活便利的行为也更容易受到来自安全漏洞的攻击。在未来，中心化平台的这些问题将更加明显。

从本质上来讲，中心机构做的就是买卖客户信息的生意，供需是它的两面。中心化的机构类似于一个信息中转站，假如供需信息能够随时共通，那中心化的机构就没有了存在的价值。到那个时候，中心化机构必然走进博物馆，供后人瞻仰。

2.1.2 去中心化的意义

去中心化是指在一个密布各种节点的复杂系统之中，每一个节点都具有高度自治的特征，而这些节点彼此之间能够自由连接，形成一个个单元。在去中心化系统中，任何一个节点都不可能成为完全的中心，系统节点之间的关系是扁平和开放的。

例如，在商业公司里，老板不再高高在上发号施令，而是成为普通的一员，和员工一起参与经营。在公司的运行上，员工不必听从以几人为首的董事会的意见，因为董事会就是全体人员。

区块链的账本是整个网络系统共享的，从表面上来看是中心化的。然而从结构来看，区块链是在P2P的理念上建立的，因此结构是去中心化的。从系统的所有权来看，共识算法的存在让少数人难以完全控制整个区块链系统，所以在治理层面上是反权威和去中心化的。

结构和控制权上的去中心化给区块链带来了三点好处，分别是容错性、抗攻击力和防合谋。单个节点的错误并不会祸及整个系统，甚至大片节点的消失都不会给整个系统带来毁灭性的影响。除非操控了整个系统51%的算力，别有用心的机构才能掌控这张网络。这个特性无疑增强了公用链条的抗攻击力。

在区块链中，"私有财产神圣不可侵犯"这句话真正成了现实。区块链完全脱离了银行，只依靠互联网运行，是一个独立的系统。即使是政府执法部门，也无法查封或没收区块链。除非彻底关停互联网，否则无法封杀比特币网络。在区块链系统里，人们能真正掌握自己的钱，而不是通过银行间接掌握自己的钱。因此，比特币在人类历史上第一次用技术手段保证了私有财产神圣不可侵犯。

此外，过去几十年间大企业通过对数据的垄断获取暴利，而用户却丝毫没有享受到任何的收益。广告业务为一批互联网巨头公司带去了极为丰厚的收益，他们收集用户数据进行分析、挖掘，优化广告投放的策略，以最大限度地攫取收益。用户在不知不觉中贡献出了珍贵的个人数据，却未曾享受到应有的待遇。虽然人们受够了隐私被肆意侵犯，受够了未经允许就被征用数据，受够了信息被随意倒卖，但却无能为力。

在这一场变革中，去中心化试图将原本属于我们每一个人的隐私权利，交还给我们自己。

借助区块链，我们个人的数据将通过个人专有的私钥储存在网络节点之中。除非我们授权，没有人能够越过我们进行数据授权交易、追踪个人的日常数据。信息的管理权第一次从中心机构的服务器里回到个人用户的手中。

2.1.3　去中心化不等于去监管

在区块链技术出现之初，很多人对区块链抱着一种消极的观点。人们总是认为去中心化就是去监管，就是不加管制地盲目发展。

事实真的是这样吗？并非如此。监管与去中心化并不冲突，去中心化去的是中央控制方和中介方，而不是监管方。

从总体上来说，区块链技术是欢迎监管的。在区块链网络中，监管节点可以随意介入任何一个区块链网络。另外，区块链的公开透明性反而可以让监管机构更加方便地监控整个系统的交易数据，对各种交易一览无余。

区块链是防篡改的，一旦交易发生，交易过程便会记录在区块中，不可更改、不可删除。妄想通过数据造假蒙蔽监管的行为基本不可能发生。

区块链本身的特性对于监管机构是不排斥的，区块链也将成为监管科技（RegTech）的重要工具。

2.2　共识机制：信用的重新构建

2.2.1　互联网之得失

综观四十年来互联网的发展历史，它给我们的生活带来了天翻地覆的变化。从电子邮件到网络公司，从社交媒体到移动网络，从大数据到云计算和物联网，它降低了交流与协作的成本，使沟通与交流变得更加迅捷。

到了今天，互联网已经完全渗透到了我们所处的环境。也许在不久的将来，"登录"互联网将成为一个笑话。因为到那个时候，互联网和现实世界的隔膜已经被极大地打破，人们可以随时随地连接网络，以时刻保持在线的姿态去管理业务和规划自己的生活。

讲了那么多互联网的好处，那我们接着来谈一谈坏处。

隐蔽性和私密性是互联网的特性之一，也是它赖以生存的特质。不过，对商业和经济活动来说，这些特性还是存在着很大限制的。

在互联网上，如果没有第三方机构提供身份证明，我们将无法确认彼此的身份，也无法在彼此间建立经济往来活动所需的信任关系。

我们知道，信用和认同是建立经济活动的基础。在现实生活中，要想获得创业贷款，除了要寻找几个担保人外，还要进行严格的信用认证；要想找朋友借点钱，需要写个欠条；要想分期付款买个车，需要把个人收益及家庭情况一一交代清楚。

伴随着互联网的繁荣，信用危机也在日渐加深。一直以来，欺诈与造假都是各国消费者的心头大患。那些欺诈与造假不仅给人民群众的财产和人身安全造成了极大的危害，还严重影响经济的发展。有数据显示，每年因为欺诈给全球经济造成的损失超过6000亿美元。

在线通信以及在线商业的爆发式增长，让黑客们有更多的机会进行网络上的犯罪活动。摩尔定律预测了运算能力每年的翻倍式增长，而这也让诈骗活动和盗窃活动的活跃程度翻倍。

到了互联网时代，我们该如何重建信用呢？区块链技术带来了答案，那就是建造一个由点对点协议驱动的新世界，用技术去约束信用。

2.2.2　可信的协议与机器信任

早在 1981 年，一些有识之士就试图在互联网世界中建立一整套的信用规则，尝试通过智能代码让普通人去架设信任桥梁。

就像我们前面提过的，密码学被用来解决互联网的隐私性、安全性和包容性问题。但是，由于第三方机构的存在，无论这些发明家们如何尝试重新设计互联网的基础流程，还是无法完全解决这些问题。

1993 年，数学家戴维·查姆提出了 ECash 系统。作为一个数字化支付系统，它创建的目的是在互联网上进行高效和安全的交易活动。这个创造性的程序立刻得到了诸多的关注，甚至微软和网景公司有意将其作为一个功能整合到 Windows 95 和 Mosaic 浏览器中。

与戴维·查姆合作过的尼克·绍博写了一篇题为《上帝协议》的简短论文。该题目模仿了诺贝尔奖得主利昂·莱德曼所创的词语"上帝粒子"，该词语表达了希格斯玻色子在现代物理学中的重要性。

尼克·绍博在这篇文章中设想了一种无所不能、可以取代所有中间机构的技术协议，即让"上帝"在一切的交易中扮演可信的第三方角色。其设想如下："所有的参与方都会将其信息和价值输入到上帝的手中，上帝会可靠地决定执行的结果，并将结果输出到参与方的手中。在这个过程中，一切涉及隐私的信息都归上帝所有，没有参与方能窥视与自己无关的信息。"

他的想法是很大胆的——在互联网上开展业务确实是要依靠"信仰的飞跃"。由于现有的互联网基础设施并不能提供必要的安全性，中间人在各种事务中就变得尤为重要，它是如神一般的存在。

可是，谁才是那个"上帝"呢？

到了 2008 年，全球金融市场出现了大规模的灾难。一个名为中本聪的人在这时发布了一种点对点的现金系统及其基础协议，这就是后来被称为比特币的加密货币。

加密货币（数字货币）与传统的法币有所不同，因为它们不是由国家所创建的，也不是由国家所控制的。在摆脱了第三方信任的情况下，这个协议保证了数以亿计的计算机能够进行安全的交易。

区块链或许不是万能的，但它给我们提供了一个能让我们进行交易的、可信赖的全球平台，所以我们不能低估其影响力。现在，我们将它视作我们一直在寻找的可信协议。

区块链协议是一个让每个人去获取事实真相的平台，至少从它储存的结构化信息来看是这样的。在协议的最底层，它以开源代码的形式存在。任何人都可以免费下载和使用这一代码，而不管是用它来开发新的交易工具还是进行个人技术上的尝试。这一份代码给了人们挖掘的权力，它可以释放出无数新的应用和潜能。

一直以来，区块链要解决的核心问题就是在信息不对称的环境之下，建立一个大家公认的、能够满足经济活动需要的虚拟信任体系。

这个系统规则的制定者非常聪明地使用了算法证明机制来保证整个网络的安全。通过程序检验过滤，系统中的所有节点都能够在网络环境中自由安全地交换数据。

在人类的发展历程中，不管是商业交易还是政治体制的建立，都有赖于信任和共识。凭借着强大的共识，人类才能走出危机四伏的丛林，一步步迈上进化的阶梯，成为地球的主导者。

银行和金融机构惯常利用钢筋水泥打造的高楼彰显自己的经济实力，期待获取顾客的信任。政府办公机构的雄伟程度，一度也成为衡量这个政治机构的强力程度的依据。从这些方面来看，任何形式的信任构建都是需要耗费大量成本的。

人类文明进步的一点便是从个体之间的信任进步到对于制度的信任。制度产生于人们对降低交易成本的需求。通过划定规范的行为，对符合制度的行为进行认可和鼓励，对违反制度的行为进行惩戒，引导人们将自己的行为控制在一定的范围之内，从而达到降低交易成本的目的。

然而，伴随着社会的发展，我们逐渐发现利用制度建立信用体系的成本实在是太高了。要想实现大多数人价值观的共通，必须从小学开始培养。到经济制度和法律制度层面，共识的培养就更加难了。不管在哪个时代，需要大量人力来维持的信用体系成其本必然很高。

既然用制度和条文来构建信用体系的成本如此之高，为什么不能换一种低成本的取信方式呢？

区块链最颠覆的技术，就是采用代码语言构建机器信任。在区块链的世界里，我们不需要权威背书，不需要听花言巧语，也不用高楼大厦作为构建信用的基础，只需要知道哪些区块链的代码会执行我们的想法，会带给你我前所未有的信任，促成人与人之间的相互协作，以致低成本构建大型合作网络。

这个大型合作网络是人类存在以来从未有过的大型机器信用网络，而机器信用网络其实是零成本的。基于此，区块链势必带领我们从个人信任、制度信任进入机器信任的时代。

2.2.3 重建信用之后

2.2.3.1 重塑信用社会，重造共识数据

在大型交易过程中，我们通常需要第三方来对交易进行担保，以此建立交易双方的信用。然而，这种行为在给交易带来很大不便的同时，也加大了交易成本。在这样一种情况下，区块链技术诞生了。

区块链是一种新型的去中心化协议，链上数据不可随意更改和伪造，通过点对点传输、共识机制和加密算法等模式在不同节点之间建立信任，从而提供不需要信任积累的信用建立范式。

通过分布式的记账和数据交流，各种各样的交易将在区块链系统中达成信用共识。依靠整个网络的去中心化记账，一个公正的数据库将不需要任何的中心化机构就能取得共识。

区块链技术能给很多数据文件加密，人们的交易数据可以完全储存在区块链上，成为个人信用，从而使每个人的信誉度清晰透明呈现出来，个人直接在区块上进行交易，而不需要第三方来担保信用。不言而喻，区块链将给人们带来一个全新的信用社会。

2.2.3.2 数据孤岛现象的瓦解

信用记录的形式在当今传统的互联网中有着普遍的运用。许多信用机构能够根据消费者的消费记录做出信用评估，从而提供网上分期付款产品。通过记录客户的交易信息，互联网电商企业能够预估和分析客户的行为，从而

进行精准的广告投入。

在企业的刻意收集之下,客户的数据俨然成了每一个公司的内部信息资源。一些大的互联网公司拥有巨大的客户信息,形成数据孤岛式的垄断,造成信息无法在全社会形成回流。这就是数据孤岛现象。

要打破数据孤岛,应采用区块链。区块链依靠不可篡改性、去中心化以及可追溯性等特性,为双方建立可靠的信誉保证,使得企业之间的交易结算免去了中转银行的参与,大大提高了资金的利用率。在全世界范围内,只要出示自己的信用认证凭据,就能将自己的个人信用状况展示给任何一家银行。区块链技术将极大地减少信用认证的成本和工序,让信用成为每一个人新的资产。

2.2.3.3 大数据的掌控者——用户

在一定程度上,信用体系可以由大数据来构建。我们使用的微信、QQ、抖音等各种社交网络工具,都汇集了海量的个人数据信息,但产生的这些数据资源我们却没办法掌控。

在现今的互联网时代,我们个人的数据并不能被自己控制,信用体系的建立并不能去中心化。而区块链的作用就是将这些数据汇集起来,建立每个人的信用资源,使私钥掌握在每个人手中,从而使每个人掌握对大数据的所有权,这也是未来全球信用体系构建的基础。

区块链低成本地解决了金融活动的信任难题,并将金融信任由双边互信或建立中心信任机制演化为多边共信、社会共信。

2.3 区块链的三种链条

伴随着各方面对于区块链技术的应用，区块链技术的分类也越来越明显。在普遍意义上，我们将区块链分为公开链（Public Blockchain）、联盟链（Consortium Blockchain）和私有链（Private Blockchain）。在一般情况下，去中心化程度越高，其安全程度也越高，交易速度也会随之降低。我们可以将这三种链条看作是同一种游戏下所衍生出来的不同玩法。下面，我们将对这三种链条逐一介绍，并对它们进行分析。

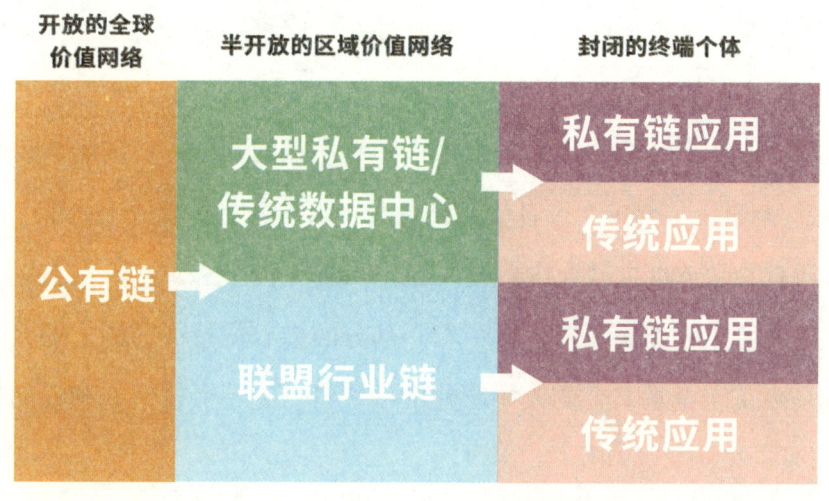

图 2-3 公有链、联盟链、私有链

2.3.1 公有链

在区块链的三种链条之中，公有区块链是最早的区块链，也是目前最广泛的区块链。我们所说的比特币和以太坊都属于公有链的范畴。

这种类型的区块链是完全去中心化的，并且不受任何机构控制。在公有链中，它的验证节点遍布全世界，所有人共同参与到记账、维护区块链上所有交易数据的过程中来。

公有链具有匿名公开性。所有的用户不用注册就能匿名参与到公有链当中，不需要授权便能够访问网络和区块链。在公有链中，读写的权限对全部用户开放。

正是由于这个特性，任何人都可以在公共链上发送交易，并且交易能够获得该区块链的有效认证。

在用户参与公有链的过程中，随时都在形成着共识。这个达成共识的过程决定着哪个区块可以加入区块链并记录当前的网络状态。

公有链依靠密码学的加密技术来维护数据库的安全。特定的共识机制一般以工作量证明（POW）或者权益证明（POS）存在。通证（代币）的存在激励着所有参与节点主动合作，加入维护数据安全的行动中来。

如果说私有链和联盟链还保留着一部分的中心化特征的话，那么公有链可以说是真正完全意义上的去中心化的区块链，它不受任何人和任何机构的控制。

公开透明的数据让任何节点都可以看到其他节点的账户余额和交易活动。高度的去中心化也使它的数据极其安全，几乎不可能被篡改。当然，公有链并不是完美无缺的。比特币区块链每秒只能处理7笔交易信息（按照每笔交易大小为250字节），高峰期能处理的交易笔数更少。在高峰时期，这种令人发指的交易速度给它的发展带来了极大的限制。

一般来讲，公有链一般适用于虚拟货币、面向大众的电子商务、互联网金融等领域。在数字货币之外的场景，特别是在金融领域中引进区块链技术，尽管有着广阔的前景，但仍然面临许多方面的权衡。

2.3.2 联盟链

联盟链是处于私有链与公有链之间的一种区块链类型。与公有链全员参与的情况不同，联盟链仅限于联盟成员参与，就连读写权限和参与记账的规则也都由联盟成员一起来制定。加入联盟链需要注册许可，因此这种区块链也被称为许可链（Permissioned Blockchain）。

相比公有链，联盟链可能更符合金融领域对于安全可控的要求。联盟链更适合于机构间的交易、结算或清算。

例如，在银行之间进行支付结算、清算的系统就可以采用联盟链的形式。将各家银行的网关节点作为记账节点，当网络上有超过2/3的节点确认一个区块，该区块记录的交易就将得到全网的确认。联盟链在交易的确认时间、每秒交易数方面都与公有链有较大的区别，对安全和性能的要求也比公有链高。

在银行业传统的记账模式中，银行之间的结算是一个非常烦琐的过程。不同银行之间存在着各自不同的账本，相互之间对账困难。特别是面对现代社会复杂的商业资金流转的时候，某些交易往往要花费好几天的时间才能进行确认，极大地降低了银行的效率。监管程序方面的烦琐导致结算成本高昂，以及人为错误频发，这成为一直困扰现代银行业的难题。

而联盟链可以很好地实现诸多银行节点之间的连接，而且只需要很少的成本就能维持运行。利用联盟链的技术，不同的银行之间可以共享一个统一的账本，从而省却了烦琐的对账工作，使交易可以真正地达到实时解决和自动结算。联盟链技术本身所赋予的安全性也保证了账本的不可篡改。更可贵的是，联盟链还具有高度的延伸性，节点的多少意味着它对公众开放程度的高低。

尽管如此，联盟链的门槛还是要比公有链高一点。由于节点相对较少，联盟链一般不依靠工作量证明的共识机制，而更多依靠权益证明或者拜占庭容错算法（PBFT）、一致性算法（RAFT）等共识算法。

联盟链对于交易的确认时间、每秒的交易数都有极高的要求，对于安全和性能的要求更是不必多说。联盟链中的数据具有一定的隐私性，从而确保信息的安全。因此，联盟链符合现代银行业记账的要求。

2.3.3 私有链

私有链是指存在一定的中心化控制的区块链。在私有链中，读写的权限掌握在某个组织或机构手中，其独享该区块链的写入程序，并根据自身的需求来决定区块链的公开程度。联盟链由于存在一定程度的中心化控制，严格上来讲也属于私有链的范畴。

相较于公有链，私有链只有少量的节点，而且可信度更高，不需要每个节点都来验证交易，因而它的验证速度更快，更适合交易，交易成本也更低。

对比中心化的数据库，私有链能够防止内部某个节点的数据被篡改，故意隐瞒或者篡改数据的情况也更容易被发现，发生错误的时候也能追踪错误来源。

由于全是用户说了算，私有链里面的数据没有无法更改的特性，对于第三方也没有多大的保障，所以一般用作内部审计。

私有链具有区块链的大多数优势，一般应用企业内部的，诸如数据管理、审计等方面。

在政府数据统计、预算和执行等方面，私有链也具有传统的登记手段不可比拟的优势。经过它记录的数据在安全性、可追溯性、不可篡改性、自动执行方面得到了很大的保证。

区块链是构建社会信任的最佳解决方案，去中心化是区块链的核心价值。由某个组织或机构控制的私有链与去中心化的理念有所出入，因为如果这样的话，那就跟其他中心化数据库没有太大区别了。

私有链在现实生活中有着大量的应用需求，达成共识机制的成本较低，效率也更高，未来必定在企业的内部管理方面发挥重大的作用。

区块链的三种类型都有各自合适的应用场景，没有绝对的优势与劣势。高效率、去中心化、安全这三个方面是区块链的核心所在。

联盟链
通过授权加入和退出

公有链
自由加入和退出
（比特币、以太坊等）

私有链
私有机构单中心网络

图 2-4　区块链三种链条图示

在对可信度、安全性有很高要求，而对交易速度不苛求的落地场景中，公有链潜力非凡。对于更加注重隐私保护、交易速度和内部监管等的落地应用，则更应该把目光放在私有链和联盟链上。

2.4 分布式账本：信息的绝对透明与公开

2.4.1 现实中的账本

在区块链的技术前景中，分布式账本技术是最先受到支付和金融领域青睐的。那么，分布式账本技术到底是什么呢？它的工作原理又是怎么样的？

要理解分布式账本，我们先要弄清我们现实生活中的账本。我们在现实生活中所说的账本，往往是指具有一定格式和由若干账页组成，以会计凭证为依据，对所有经济业务进行序时分类记录的本籍，也就是通常我们所说的账册。

账本源于资产的转移，资产的转移就是交易，交易涉及卖家、买家、中介、监管、审计等角色。各个角色之间通过账本来记录、查询、追溯、审查。在企业中，账本被用来记录企业内的经济活动和与外部的经济利益交换。在实际生产过程中，账本同时具有审计、分析等管理方面的功能。

随着计算机技术的发展，为了追求高效化，记账也从传统手工记录向数字化转变。现在大多数企业基本采用数字化商业账本。

2.4.2 数字账本存在的问题

2.4.2.1 成本与效率难题

大企业往往采用中心化集中数据库来管理内部数据，为此，特意建立了独立的信息化数据中心，对庞大的数据进行记录。但是，在数据爆发的时代，既要兼顾庞大信息的流动，又要兼顾效率，这就涉及数据扩展，而数据扩展又涉及成本问题。企业需要对重要数据进行备份、恢复，对重要系统进行逻辑保护，实现异地容灾。

另外，现代企业之间交互频繁，数据呈现集中化，要求第三方信任机构提供服务，这就无法避免成本问题。

在中心化数字商业账本的建设过程中，成本和效率的问题始终是相关企业的痛点。

2.4.2.2 安全性问题

对数据安全性的考虑不可避免，因为一旦出现欺诈、篡改，那么交易将无法保障，数据安全性风险管控将难以实现。

2.4.2.3 权限争端

企业之间共用账本时，由于管理或者操作的问题，会出现异议纠纷。那么如何合理使用，又该如何分配权限，也是账本存在的一个问题。

2.4.3 分布式账本

分布式账本是一种在网络成员之间共享、复制和同步的数据库。分布式账本记录网络参与者之间的交易，如资产或数据的交换。

根据共识原则，参与的节点可以通过协商对账本中的记录进行更新。在这个过程中，没有中间的第三方仲裁机构参与。

简单地说，区块链分布式账本技术是一套由系统参与者（所有节点）集体记录、传递、存储的数据库。其本质在于利用密码学原理，对数据库的结构进行创新，建立生成一套记录时间先后的、不可篡改的、分布式的、可信任的、高安全的数据库。

分布式账本技术让数据库中的所有数据以去中心化的结构设置，使数据能实时记录，并在每一个参与数据存储的网络节点中更新。只要网络中的所有参与节点不是在同一时间集体崩溃，数据库就可以一直运转下去，这极大地提高了数据的安全性与高效性。

在我们现有的账户体系中，数据信息都是集中记录并储存在中央电脑上，以中心化的模式进行工作、管理。在电子支付盛行的当下，第三方支付企业每日处理成千上万的订单账户信息，这些集中化的、基于信任的账本系统会给交易结算带来瓶颈和障碍。

首先，缺乏透明性。所有参与者都在维护自己的账本，账本之间的重复和差异会导致争议、更长的结算时间。解决争议、逆转交易或提供交易保险的成本很高。

其次，每个网络参与者自己系统上的商业账本和副本都是不同步的，这会导致因为临时的、错误的数据而制定错误的商业决策。同时，这些风险和不确定性会导致错失良好的商业机遇。

分布式账本技术可以存储海量的信息，并建立完整、严谨的数据库。即便参与数据记录的某些节点崩溃，也仍然能保证整个数据库系统的正常运行和信息完备。同时，由于分布式和加密算法原理的特性，可以使数据库变得可信赖。

引入分布式账本技术，将会对第三方支付账户体系的数据储存、处理和保护带来新的可能。

区块链分布式账本技术可以实现共享账本，使企业交易数据公开、透明，笔笔可追溯，并且结合区块链技术的智能合约技术，可以提高参与者之间的透明性、自动化及可信度。

同时，区块链技术的不变性机制降低了审计和合规性成本，未来，支付、结算将获得更高的执行速度、更低的成本和更少的风险。

通过制定相应的程序，这个为经济交易而设的新型数字账本几乎可以用于记录一切对人类而言有价值和重要的事物，如出生证和死亡证、婚姻证书、契约和所有权凭证、教育学位、金融账户、医学流程、保险偿付、投票、食物溯源以及其他能用代码编写和表达的事物。

这个新型的平台能用于大部分数字记录的实时对账。事实上，在不久的将来，现实世界数十亿的智能设备将能够进行重要信息的感知、响应、通信和共享工作——从保护我们的环境，到管理我们的健康信息，它们几乎是无所不能的。

一个用于连接一切事物的物联网，需要依赖一个能记录一切事物的账本。商业、贸易和经济需要一个数字化清账技术。

区块链：一种分布式记账方法

实物记账	泥板标记　甲骨刻字　竹板刻书　布帛记账　纸质账本
	1960年　1970年　1980年　1990年　2000年　2010年　新兴技术　未来
电子记账	主导体微处理器　大型计算机　个人PC机　局域网　互联网　智能设备　移动设备　生物识别云计算
	电子化　批处理　内部协同　远程服务　跨境业务　移动办公　认知计算
加密安全	信用卡　电文服务　ATM　电子交易　数字银行　机器学习　分布式总账技巧
	1982年　1985年　1990年　1991年　1997年
	密码学网络支付系统　曲线密码学（数字签名）　不可追踪的网络支付系统　用时间戳确保文件安全　Hashcash工作量证明机制

图 2-5　账本的进阶之路

公开、透明、真实，这是我们人类在事务处理时梦寐以求的结果，而这个结果的终极目标是人类生活在一个没有谎言、没有欺诈、友好相处的互信世界。

作为一个作家，或许你想知道你的作品被借鉴了多少次；作为一个顾客，或许你想知道眼前的汉堡来自何方；作为一个移民人士，或许你已经对汇款到家乡所涉及的高昂费用忍无可忍了；作为一名社交媒体的用户，或许你觉得你产生的所有数据对你来说应该是有价值的，而且你的隐私权是不可忽视的。创新家们正为这些方面的需求创建基于区块链的应用程序。

这仅仅是一个开始。

3 区块链

在数字金融上的应用

3.1 区块链在银行业的应用

3.1.1 区块链在银行业的应用前景

区块链技术在银行业的应用有很多,目前主要集中在电子交易、支付转账、数字货币、内部管理等方面。在未来,银行业的区块链应用或将延伸至信用等级以及智能管理等各个领域。

在目前看来,区块链技术对于银行业的影响依然是一把"双刃剑"。例如一直困扰商业银行的跨境交易的时间和成本问题,可以通过区块链技术得到解决。但是,银行业务中的跨境交易手续费和佣金收入也将持续下跌。在区块链提供近乎瞬间的跨境交易的背景下,银行业收取额外费用的项目将会大大减少,再加上银行业之间日益加深的竞争压力,很难讲区块链技术对银行业的短期发展是好是坏。

尽管如此,但可以肯定的是,区块链技术有助于商业银行提升效率,创新管理模式。可以预见的银行业创新有以下两点:

第一,智能登记。

区块链具有可信、可追溯的特点,因此可作为可靠的数据库来记录各种信息,如存储客户身份资料及交易记录。

第二，管理智能化。

即利用"智能合同"自动检测是否具备生效的各种环境，一旦满足了预先设定的程序，合同会自动处理，如自动付息、分红等。

面对日益激烈的银行业竞争，区块链技术的运用可以说是一个变革的契机。一些嗅觉较为敏锐的国际银行已开始积极筹谋，投身于区块链研究和应用中，以期在未来的激烈竞争中获取主动权。

3.1.2 区块链目前在商业银行的应用业务

3.1.2.1 结算与支付

在经济活动中，消费和支出是最为常见和次数最频繁的经济行为。区块链技术在结算与支付领域的应用投入最早，也最能经受考验。区块链技术的应用有利于降低金融机构间的对账成本及争议解决的成本，从而显著提高支付业务的处理速度及效率。基于区块链的银行结算业务，可以实现结算业务的去中心化。使用分布式记账的方法，可以使数字交易不可篡改，大大提升银行结算业务的处理速度，降低交易成本和信用风险，从而实现结算流程的优化。

区块链技术应用于银行支付时，其安全性和可追踪性能解决银行支付流程复杂、成本高昂、风险识别的问题。

区块链技术应用于银行跨境贸易时，可利用智能合约，保证交易的真实可靠，同时实现交易的可追溯性。

另外，区块链技术为支付领域所带来的成本和效率优势，使得金融机构能够处理以往因成本因素而忽视的小额支付，从而有助于普惠金融的实现。

3.1.2.2 数字资产化

资产数字化早已不是新鲜的字眼了。包括股权、债券、售票凭证乃至不动产在内的各种形式的资产均可以被纳入区块链系统当中，成为数字化资产。

数字化资产是资产所有者不需要借助各种中介机构就能直接进行交易的资产。行业基础设施类机构在交易的过程中扮演着托管者的角色，确保资产的真实性和合规性，并在托管库和分布式账本之间搭建一座桥梁，让分布式账本平台能够安全地访问托管库当中的可信任资产。

以银行票据为例，基于区块链的银行票据业务可以实现银行票据业的数字化，同时实现数字票据流转过程中的优化管理。

基于区块链的数字票据能够实现非中心化的信息传播，通过底层智能合约框架实现自动化流程，降低操作风险和道德风险。

区块链合约的全网直播和不可篡改的特性保证了交易的可靠性，同时为票据交易业务提供了可追溯的交易途径，为持票方增加了商业信用。银行实现数字票据的优化管理具有去中介化、便利性、安全性、可追溯性等特点。

3.1.2.3 智能证券

金融资产的交易是相关各方之间基于一定的规则达成的合约，区块链能够用代码充分地表达这些业务逻辑，如固定收益证券、回购协议、各种掉期交易以及银团贷款等，进而实现合约的自动指定，并且保证相关合约只在交易双方之间可见，而对无关第三方保密。基于区块链的智能证券能通过相应的机制确保其运行符合特定的法律和监管框架。

在再回购市场上，区块链技术可以在清算、净额结算和提高交易流程的效率方面为银行带来资本节约。区块链优化再回购协议流程的三个主要领域是：净额结算增加为银行带来的资本节约；再回购协议交易更快地执行；更高效的清算和结算。

3.1.2.4 供应链金融

在供应链金融的整个过程中，链条中的关键企业通过自己特殊的产业优势地位，掌控着上下游企业的现金流、订单、购销流水等大数据，然后利用自有资金或者与金融机构合作，对上下游合作企业提供金融服务，这就是供应链金融。

区块链技术与供应链金融是互补的。万亿级的供应链金融市场为区块链技术的运用提供了广阔的试水之地，而区块链技术又能为供应链金融市场提供深厚的技术支持。

供应链金融在具体应用中面临着一系列桎梏，催生了其对区块链这一类新技术的应用需求，使得"双链合璧"模式的发展成为可能。

当前阶段，供应链金融面临着四大难题：

一是传统供应链金融的不透明性导致隐藏风险大。目前，供应链金融覆盖区域较广，涵盖的交易信息较多，难以一一核实其数据信息以及交易信息的真实性、可靠性。

二是中小企业融资难的问题在供应链金融中依然存在。银行仅愿意为一级供应商提供保险服务、预付款或存货融资，二级、三级中小企业的融资需求常常得不到支持。融资难的问题既影响了产品质量，又限制了二级、三级企业的发展，甚至危及整个供应链。

三是供应链金融对于核心企业的依赖限制了行业的发展。由于核心企业在交易数据、资金和资源方面拥有优势，所以当前供应链金融的主要模式为核心企业模式，但这一模式将最终限制供应链金融的多样化发展。

四是资金交易操作复杂。商业汇票、银行汇票是当前商业交易的主要途径，但由于使用场景有限，增加了供应链金融的资金交易难度。

区块链的应用将大大减少供应链金融在现阶段发展所面临的问题。

首先，区块链可以完整保存节点数据，形成数据网络，使得供应链交易透明化。

其次，区块链分布式记账方法可以建立信任关系，为中小企业提供信用担保，减少其融资成本。

再次，由于区块链建立了可信任的链网络，所以可以不再依靠核心企业，从而实现自由化、多元化和市场化发展。

最后，区块链网络可以提供给供应链上的所有成员企业使用。区块链多方签名、不可篡改的特点，使得债权转让得到多方共识，降低了资金操作难度。

3.2 区块链在证券及投资市场的实践

3.2.1 区块链给资产证券化带来的变化

3.2.1.1 防范系统风险,提高证券监管效率

分布式结构让区块链系统中的每个节点都成了中心。在监管上,金融监管机构可以成为区块链的一个节点,掌握比以前作为单一中心时更多的数据,从而有效把握底层资产,真正实现穿透式监管。

美国 2008 年金融危机正是肇始于次级房贷资产证券化的泛滥。如果运用区块链技术,监管部门就可以及时掌握市场上所有被有意隐藏起来的信息,从而避免危机发生。

对于参与资产证券化的机构而言,应用智能合约有助于对业务风险进行稳妥处置。智能合约可以通过编程来设置资产证券化的业务运行、违约处置、合约终止等环节,还可以设定业务阈值。如设置时间条件和资金阈值,到期自行启动,将归集的资金用于偿付投资,也可自动运行担保措施,由机器直接保障投资者的利益,从而使违约风险得到有效化解。

3.2.1.2 提高效率,降低成本

具体举措主要有三个方面:

第一,如何快速而正确地筛选出符合标准的资产一直是资产证券化业务开展的重要难题,而区块链技术可以首先运用在这项业务上。

第二，区块链技术可以为中介机构提供本地部署的全流程分析、管理、运算体系，增强中介机构承接资产证券化新业务的能力及对现有存续资产证券化业务管理的能力。

第三，区块链技术以服务商端口的形式在整个资产证券化链条中扮演了非常重要的角色，在发行、定价、交易过程中都发挥了重要职能。

区块链技术可以协助资产证券化实现商业模式升级和进行多维度联动，提升整个资产证券化市场的流动性、资本市场的活跃度以及金融资源配置效率。

3.2.1.3　信息不对称问题的解决

信息不对称一直是交易活动的痛点。如果能够在证券交易之初就将所有的资产信息与现金流全部写入区块链，那么就能让资产证券化项目涉及的众多参与方看透底层资产，从而解决信息不对称问题，促进彼此之间的信任。

基于此，还可以让主体信用评级和项目信用评级真正地实现分离。

3.2.1.4　控制信用风险

在资产证券化的各个领域，从证券化产品的设计与发行，到证券交易、清算结算等各流程、各环节，都可以通过区块链技术进行重新设计和简化，从而带来一系列潜在优势，包括提高效率、缩短处理时间、加大透明度、降低成本和确保安全。

在我国，资产证券化二级市场流动性不足制约了ABS（资产支持证券）

的发展。大部分投资者都是将资产支持证券持有至到期，二级市场交投的寡淡造成流动性缺乏，反过来制约了一级市场的发展。证券化资产的信息不对称是证券化市场交易量不足的重要因素。

区块链的发展有望解决这一问题，ABS持有人记录在区块链上，投资者可共享ABS的底层资产状况，这为ABS交易提供了一个透明、安全的交易平台，从而控制了交易的信用风险。

3.2.2　区块链在资产证券化领域的应用前景

在我国的证券市场上，不管从哪个角度来看，债权类资产都是最适合区块链应用的资产支持证券领域。

在各种ABS项目中，如贷款类债权、保理融资债权、企业债权、应收账款债权、租赁债权等，都有望通过区块链技术实现发展。下面我们以贸易融资和消费金融区块链ABS类型为例，具体分析区块链技术在资产证券化领域的应用前景。

第一，贸易融资资产证券化领域的应用。

区块链技术的运用能够有效解决中小企业融资难的问题。同时，它能够推动商业银行的持续发展。因为银行信用的介入，基础资产信用质量较高，故在近期发展迅速。

适合做资产证券化的贸易金融基础资产类型有信用证、保理、保函和票据等，区块链技术可以降低这些资产贸易的风险，有效提高对票据市场风险的防控能力，保障票据资产证券化产品的安全性与真实性。

第二，消费金融资产证券化领域的应用。

单笔金额小、分散度高、超额利差丰厚等是消费金融类贷款的特征。消费金融类贷款具备良好的资产证券化特质，是我国资产证券化市场重要的基础资产类型之一。

随着我国居民消费观念的转变，越来越多的消费金融类贷款细分领域不断出现，但快速发展的同时，风险事件也频繁暴露。区块链技术可以拓宽消费金融行业的发展空间，防范行业风险，促进消费金融行业保持高速增长态势。

在互联网消费金融中，信用一直是影响消费金融融资的重要难题，而区块链无须借助第三方就能对交易双方的信用历史进行真实呈现，从而有效解决相关问题。

一方面，区块链技术的应用可以有效解决抵押物评估和管理难题，大大拓宽行业发展空间，使行业在相当长的时期内保持高速增长态势。

另一方面，区块链技术的引入有望从根本上解决消费金融业务面临的欺诈风险防控难题，使得中小平台也可以提供"低门槛＋低利率"的消费金融产品，形成与巨头企业持续竞争的实力。

3.2.3 区块链应用于资产证券化面临的挑战

资产证券化的快速发展离不开区块链技术的发展，而区块链技术的发展却受到以下方面的制约。

3.2.3.1 区块链管理的法律基础空白

一是账本中同步并向参与者公布的记录,其法律效力如何认定,是否可以作为确定基本义务和履行义务的依据尚未确定。

二是与数字令牌和数字资产相关的权利义务关系,在现行法律框架中并未明确界定,需通过详细分析确定法律适用问题。

三是智能合约的执行需具备健全的法律基础。区块链技术的广泛应用离不开智能合约,所谓智能合约,就是以数字编码的形式定义承诺,一切交易都由代码强制执行。

《合同法》确立了合同订立、修改、终止和争议处理等方面的基本原则,其中一些经典原则与智能合约的自动执行相冲突。智能合约的形式及其内容的效力,还没有得到法律的正式认可。

3.2.3.2 空前巨大的监管难度

区块链技术虽然通过去中心化的设计,避免了传统中心化经济系统结构中的诸多问题,但也不可避免地带来了许多其他方面的问题。

去中心化意味着主体不明确,监管难以对主体进行有效控制。

一是去中心化及不具名性的特征加大审查难度。

二是智能合约存在漏洞。事实证明智能合约体系可能被黑客攻击。

三是去中心化系统与中心化系统的协调存在障碍。随着区块链技术的发展及去中心化理念的传播,传统的金融机构等实体与区块链平台之间的界限必将模糊化。

3.2.3.3　潜在的安全风险不可忽视

在公有链条上,每一个节点都拥有着全链的总账,一旦被破坏,后果不堪设想。如果整个系统被黑客攻陷,那么不仅被攻陷节点的信息将被窃取,全链储存的总账信息都可能被复制。

一旦区块链技术被运用到证券领域,那么安全隐患将不容忽视,这些隐患可能会给整个交易市场和金融市场的基础设施带来较大影响。如何通过技术和管理上的变化来防范和治理这些隐患,依然是管理者需要面对的考验。

3.2.3.4　区块链技术进步的瓶颈

首先,为了满足金融市场日渐扩大的大规模交易的需要,区块链技术必须不断发展,才能具备足够的处理速度和存储规模。伴随着交易过程的不断复杂化,账本中不断添加的交易数据也对系统的存储能力提出了更高的要求。

其次,技术标准化和各个系统方案的互联互通性依然是区块链在技术上迈不过去的一道坎。区块链技术的信息管理和系统安全仍存在问题。系统参与者在账本中共享信息,且几乎不可能对信息进行更改,因此确保共享信息的正确性,对错误和欺诈信息进行处理是系统运行的重要基础。

最后,区块链系统同样存在端点(节点)安全性问题,其分布式结构使端点更易遭到攻击。在市场应用与推广之前,需进一步评估系统安全管理流程和控制措施的有效性。

3.2.4　区块链应用于资产证券化的建议

3.2.4.1　吸纳其他技术，加强结构设计

要想区块链在资产证券化领域健康发展，必须积极发展技术。我国尚未出台区块链总体规划，应由监管部门牵头，加强行业机构合作，开展对区块链的金融应用场景研究，并同步建立监管规则和技术应用标准，明确监管态度和规范。

将区块链应用于资产证券化时，宜把自上而下和自下而上两方面结合起来。应该广泛听取行业意见，吸收基层经验，加强顶层设计，形成统一的区块链技术标准、行业规范和法制框架，为行业发展提供正确指引。

3.2.4.2　加强监管体制机制建设

在区块链应用于资产证券化的管理机制建设上，我国可从指定应用标准、建立产业主体的合作机制和完善法律法规体系等方面展开。

第一，制定区块链应用于资产证券化的标准。区块链在资产证券化领域的发展需要多方面的配套，如数字货币的标准、数据接口的标准、分布式账簿的记账标准、共识机制的标准、智能合约的标准等。

第二，重视区块链技术应用对现有金融法律法规和风险管理框架带来的挑战，制定监管指南。

第三，建立有效的产业主体合作机制，加快区块链技术平台建设，推动区块链产业和人才培养同步蓬勃发展。

第四，出台区块链技术和产业发展扶持政策，建立和完善适应区块链发展的法律法规体系。

3.2.4.3 完善监管手段，健全区块链治理体系和监管体系

区块链给资产证券化发展注入了新动力，也带来了新问题，进而对金融监管提出了新要求。在当前，需要对监管制度进行反思与完善，升级监管技术、监管手段，健全区块链治理体系和监管体系。

第一，提升监管效能和加强监管协作。在区块链环境下，可以为监管机构在联盟链或私有链上开设一个监管节点，监管机构可以通过监管节点掌握全链的交易情况，提高监管的时效性。

第二，针对区块链弱中介化的特征，梳理和反思传统的以证券中介服务机构为中心的监管思路，加强对区块链服务平台、区块链技术服务商的监管。

3.2.5 区块链在供应链金融领域的应用前景

供应链金融是依托核心企业，以供应链交易过程中的应收账款、预付账款、存货为抵押，为供应链中小企业提供融资的一种服务模式。

在目前的供应链金融领域中，存在一个非常明显的问题，即融资问题。只有一级供应商和经销商能够凭借其本身与核心企业的贸易往来获得供应链核心企业的融资服务，二级、三级的供应商和经销商因为本身与核心企业没有直接的贸易往来，导致金融机构无法获得相关的信息，所以难以对其进行信用资质认证。而一旦缺乏必要的信用资质认证，融资必然会比较困难。

要解决上下游二级、三级小企业的融资难问题，就是要打破核心企业在整个供应链中的作用，其中可靠的一点就是以节点可控的方式建立一种联盟链的网络。这个联盟链的网络涵盖了供应链上下游的企业、财务公司、金融机构等。

在组建成联盟链之后，将各个节点的贸易数据上链，保持各个节点的信息同步。这个行为的目的就是让金融机构可以直接获取二级、三级中小企业贸易的真实情况，从而为中小企业贷款提供方便。

有融资需求的企业将它们的合同上链登记，从而保证这些资产权益数字化之后不可篡改，也不可复制。然而，要达成这样的效果，应用的过程中不可避免地会出现不少问题，其中很重要的一点就是法律法规的问题。在当今的供应链中，金融机构不给中小企业借贷的一个重要原因，就是相关法规的束缚。因此，基于区块链的解决方案需要严格遵守供应链金融现行的法律规则。

3.3 区块链和新型电子商务

随着互联网进程的不断加快，我们的生活水平、消费模式和生活方式也在不断地变化。

市场和消费者之间的关系也因为开放的互联网和信息技术的发展而发生着革命性的变革。

十几年间，电子商务已经渗透到了互联网企业的基因之中，深刻地改变着传统经济的商业模式和流程。

最近几年，中国的电子商务每年都在创造新的纪录，电子商务在各个行业的落地应用也不断创新,包括网络零售、互联网金融、在线生活服务以及以阿里巴巴为代表的跨境电子商务。

电子商务平台是非常便利的产品交易平台,能够承载大量交易和海量交易数据。但随着行业的不断发展,这一行业出现了供应链管理、数据安全、市场透明度等方面的问题。

既然这样,针对电子商务的痛点,区块链又能带来些什么呢?

3.3.1 交易速度加快,交易环境透明

一直以来,交易环节不透明是电子商务平台存在的巨大问题。不透明意味着无法监管,无法监管则难免出现安全隐患。区块链技术可以提高交易的透明度,从而促进信任。

亚马逊、阿里巴巴等行业巨头已经致力于区块链的研发,而沃尔玛和联合利华等公司已与大型科技公司IBM合作开发区块链项目。它们希望借助区块链技术,解决电子商务行业固有的问题。

区块链技术可以提高交易的透明度,从而促进信任。每笔交易都记录在共享分类账本中,任何人不能修改。共享分布式账本保证了安全性、透明度以及可追溯性。

3.3.2 全新的交易方式

数字加密货币作为区块链技术的首要产物,其人气和使用率在全球处于

领先地位。今天，加密货币通常被用作传统货币的替代品。

客户可以选择使用比特币付款，就像他们选择使用 PayPal、支付宝或任何其他支付处理器一样。

与传统货币相比，加密货币具有多种优势，能使客户和商家都受益。除了相对容易实现以外，发送或接收钱通常与共享二维码一样简单。

区块链技术的去中心化特征正在"抢目前电商平台第三方支付平台的饭碗"。在以区块链为基础的新型互联网金融体系内，买方和卖方可以直接交易，交易基于密码学原理而不基于信任，使得任何达成一致的双方都能够直接支付交易，无须第三方参与，从而节省了买家和卖家的费用。

区块链技术将为电子商务业提供低成本金融交易、高安全标准和令所有客户满意的体验。

3.3.3 付款环节安全性更高

在使用数字加密货币付款时，人们不用担心会暴露个人身份信息，所以成为诈骗受害者的概率远远比使用信用卡和借记卡交易要低。

据悉，在 2015 年超过 1000 亿笔的信用卡和借记卡交易过程中，有至少 3180 万美元落入了信用卡诈骗团伙的口袋。而改用数字加密货币付款将杜绝此类诈骗事件。

以比特币为例，比特币不要求客户暴露敏感数据，如信用卡号码，相反客户授权从他们自己的个人"钱包"转钱到对方的钱包。与每个用户的钱包相关联的唯一区别数据是随机生成的唯一标识符。

客户和商家通过区块链可以快速进行安全交易，而不需要暴露过多隐私信息，从而提高交易的安全性。

3.3.4 订单履行状况改善

例如，假设客户在区块链驱动的电子商务网站下单，订购流程中的每个步骤（订单放置、付款、履行和发货）都会在执行操作的时间内向链中添加新块。该流程清晰明确且可追溯，具体如下：

（1）客户通过选择他/她的项目并输入他/她的运输信息来下订单。市场为订单生成块和工作量证明。

（2）客户使用他/她的信用卡支付产品费用。这会生成另一个块，由另一个验证付款给卖方的工作量证明支持。

（3）卖方收到订单和付款的块，然后运送产品。这将生成第三个块，指示产品已发货且订单已完成。

这也可以扩展到交易流程中的其他方面，如运输提供商。在该示例中，运输提供商可以在交付之后生成第四块。

区块链技术的一个主要好处是它可以在各方之间建立信任。由于区块链的分散、防篡改性质，不太可能发生有关付款或订单详情的争议。

3.3.5 加强数据安全

在现有电子商务平台中，一直以来存在一个问题，那就是如何存储数据。

电子商务平台拥有大量的数据，消费者的个人数据和支付数据在交给电商企业之后，被存储在易受网络犯罪分子攻击的中央服务器上，数据泄漏风险较大。

而基于区块链的电子商务平台是去中心化的，无须再去存储数千万用户的个人数据和支付数据，区块链平台实际上是分散的，消费者在这个去中心化的系统中存储和掌控他们自己的数据，从而免去了潜在的数据泄露风险。

3.4 共享经济

共享经济一直是大家讨论的热点，甚至一度有很多人提出，共享经济已经成为各行各业的革命力量。这种自下而上发起的商业模式，让服务提供者和消费者之间的界限不再那么泾渭分明，在充分利用社会闲置资源，使得服务提供者数量大大增加的同时，也能通过彼此之间的竞争提高服务质量。

目前，全球的共享经济已经成就了好几个百亿美元级别的公司，但共享经济也有争议，如在监管合规、安全、税收等方面都存在问题。

一直被人诟病的一点是：很多被称为共享经济的服务，更像是"使用权经济"。

真正的共享经济是不需要任何中介方的，而现在的"共享经济"还是需要一个公司作为中介方，用户通过某个公司提供的平台实现使用权的连接，更有甚者是公司自己投放设备，如自行车共享经济，本质上就是租赁经济。

因此，现阶段的各种共享经济，都还不是真正的共享经济。

在当下，共享经济的商业模式在某种程度上恰恰并不进行共享，它们通过中心化聚合资源，然后统一分配出去，性质偏向于聚合经济。

现阶段的共享经济是由一个平台将资源共享者和消费者分为两类，一边负责提供产品或服务，一边负责消费。这种阵营对立的市场让作为聚合中心的平台获取巨额利润，真正的资源共享者反而时常抱怨获利与付出不匹配。

很多企业和机构经常吹嘘它们的商业模式中融入了包括共享生态在内的各种生态系统，然而其本质并没有离开价值链这个传统思维，都是在为自己的企业服务，把自身置于价值链条上最挣钱、最获益的环节。

那么，共享经济是不是永远都不可能实现？

答案是否定的。区块链的到来，让共享经济第一次成为可能和现实。

区块链的核心是什么？是分布式账本技术，包括加密算法、有共识机制、有点对点网络、有激励机制等。区块链通过分布式的节点支撑起真正的点对点沟通，实现去中介化的信任。

区块链的弱控制、分中心、自治机制、网络架构和耦合连接等特性，让其成为一种完全区别于工业社会的信息社会时代的新型社会结构。

这些区块链的特性与共享经济存在某种程度上的共通。共享经济的本质是强调分散，将分散的、闲置化的社会资源通过点对点的方式共享，使参与者以不同的方式付出和收益。而区块链和共享经济这两个相互契合的互联网热点恰恰存在着充分的"合作空间"。

区块链技术是第一个真正做到去中介化的技术，它无须经过任何第三方就可以让共享经济成为可能，如无须经过Uber、Airbnb就可以实现点对点的汽车共享、房屋空间共享。

Uber这样的公司本质上还是平台，它连接了乘客和司机，对平台本身的信任让两者之间产生了交易行为。而区块链的去中介化，将彻底削弱中介平台存在的价值和意义。

区块链的加入可以达到无消费者与共享者之分的效果，弥补目前共享经济的短板。与此同时，不管是乘客还是司机都会从中获益，真正的共享经济将会诞生。

当共享经济遇到了区块链，就像是春风化雨万物生，使得真正的共享经济在人类历史上第一次成为可能。

在区块链的世界里，真正的好项目就是跟区块链本身去中介化特征吻合度最高的项目。完整的区块链生态系统将真正地助力共享经济的成长。

3.4.1 区块链共享经济的基础协议

市面上的大多数共享经济模式，出租的不是社会公共资源，而是个人私有的物品，所以它们做的大多数是"使用权"出售的生意。

因此，这种经济行为更像是租赁经济。

区块链可以让很多闲置的物品、数据资源等共享，甚至是价值很小的交易都可以实现。例如，基于IoT的物联网有很多利基市场，如果使用了区块链技术，可以实现即时的数据交易，并通过通证代币进行支付。

物联网的极速膨胀产生了越来越多的资源节点，有很多闲置存储空间和计算力可以通过区块链很好地利用起来，更重要的是可以通过通证机制对这些资源的价值进行衡量并促成交易。

要实现共享经济的落地，就需要通过区块链技术为共享经济构建底层架构，让去中介化价值交互成为可能。区块链生态系统可以让共享资源实现价值量化和交易，最终形成一个分布式的价值交换网络——区块链+共享经济。

目前全球的物联网有数十亿的设备，且还在不断快速增长，这些设备大多数有被利用的空间。

一是物联网厂商和投资商所建立的物联网基础设施并没有得到充分利用，有很大的资源浪费，如存储和计算力等大量闲置。

二是目前全球的物联网平台缺乏通用的兼容性通信机制，数据的采集和互通不太容易。

为了解决这些问题，区块链生态系统可以通过区块链记录所有 IoT 数据，而且数据一旦被记录就不可篡改。在此基础上，实现真正的共享经济。

目前，市面上的物联网架构大多数是封闭式的，内部系统设备可以实现互联互通，而不同系统和设备之间要实现数据的传输和存储，需要有一个合作的协议。

区块链生态系统试图通过区块链实现点对点的直接互联互通，无须引入大型数据中心进行数据同步和管理，所有数据的采集、传输、软件升级等都在区块链网络完成。

在区块链生态系统的协议体系中，还有一个很重要的部分是身份认证。它是区块链生态系统的起点，也是串联者。

在区块链生态系统体系中，每一个安装在智能终端上的部件都是一个独立的节点。有了这个独立节点，就可以将终端设备注册到区块链上，拥有一个数字身份，通过智能合约账本记录该终端的所有信息。

有了数字身份，有了主体的明确区分，就有了物与物之间价值传输的基础。这样，有了基础的协议，所有的物联网设备直接通过加密的 SSP 协议传输数据，通过系统采集数据，通过智能合约计算数据价值，通过通证 SSP 进行交易结算计费。

总结来说，整个生态是通过内置加密协议算法的芯片、智能合约、通证奖励机制等，让生态内的物联网设备实现价值共享，形成无须任何中介的分布式共享网络，进而实现存储、计算、网络带宽、设备使用权等闲置资源共享。

而这个梦想一旦达成，将会释放出数亿设备的闲置资源，会有巨大的利润空间。

除了物联网 IoT 设备的资源共享外，汽车、自行车、充电宝、民宿、公寓等共享领域也可以加入进来。不仅仅是共享闲置资源，也可以实现数据等的交易，例如，将自己的汽车设备数据、汽车运行等即时数据与数据需求方实现实时的数据交易，可以实现利基市场的大规模交易。

3.4.2 区块链共享经济的落地探索

从实际情况来看，区块链技术实现共享经济的应用场景最少有两个，那就是智能设备领域和物联网。

在这些领域，有数以亿计的计算设备在等着它们。不单单如此，其他闲置的计算机算力、无线网络、时间等都能够通过区块链技术实现共享。

3.4.2.1 智能气象终端

通过与智能气象设备厂商合作,系统协议接入气象设备终端,通过智能合约来衡量用户共享数据的价值,然后获得相应的SSP通证回报。

智能气象设备内置不同的传感器(如温度、湿度、光照、气压和紫外线等传感器),能够测量附近实时天气状况。用户购买了支持相关协议的气象智能设备之后,拍摄的所有实时天气状况图片以及这些实时天气的数据,会被共享给相关的数据需求商,用户可以获得相应的SSP通证回报。

3.4.2.2 带宽共享

数以亿计的智能路由终端可以在系统公链上登记、确权和交易。系统的协议支持智能路由设备快速接入,升级后就成为共享智能硬件,只要用户分享闲置的带宽资源,都可以有相应的SSP通证回报。

3.4.2.3 电力共享

当某地出现剩余能源,某地电网可以与系统链接,为用户提供电力共享的智能合约协议。用户只需把多余电力共享出来,即可获得通证收益,如家人外出度假两个星期,所有产生的剩余能源都可共享出去,以免浪费。

3.4.2.4 共享储存

凡是区块链生态下的终端都可以参与到存储共享中,每个节点都有授权投票证明和存储验证,文件存储时会加密并产生私钥,真实下载的用户得到私钥，用户凭该私钥获取收益。

用户不仅可以共享存储空间，也可共享价值文件获得通证奖励。

3.4.2.5　实时交通数据共享

支持区块链共享协议的汽车可以把实时交通数据随时共享给即时交通服务提供商，这样驾驶者可以通过共享自己的出行数据获得收入。

例如，支持系统共享协议的汽车轮胎，通过芯片和传感器实时把数据共享给轮胎生产商或供应商，轮胎生产商可以实时获得轮胎的实际运行数据，而汽车拥有者也通过共享轮胎的即时数据获得通证回报。

还有其他更多的共享场景都可以加入进来，如共享自行车、充电宝、汽车等。通过区块链可以实现价值的衡量、转移，最终让共享经济从租赁变成真正的共享。

4

改变世界的未来

颠覆式创新技术

4.1 区块链：建立价值互联网的基础

2008年，中本聪在密码学邮件组发表的奠基性论文《比特币：一种点对点电子现金系统》，开启了区块链技术的时代。

凭借着去中心化、可追溯性好、难以篡改等特点，区块链将引起经济、政治和社会等领域的巨大变革。从技术的角度看，分布式数据存储、点对点传输、共识机制、加密算法等计算机技术将开启下一代互联网——价值互联网时代。

信息与价值往往密不可分。在人类生活中，价值传递的重要性更甚于信息传递。因为前者为信息附加了"信任""情感"等价值。

互联网的出现使信息传播手段实现了飞跃，而价值传递的效率却还没有得到同步的提升。

区块链的诞生，正是人类构建与信息互联网相对等的网络的开始。这个网络就是价值互联网，它可以让人们在网上像传递信息一样方便、快捷、低成本地传递价值，这些价值可以表现为资金、资产或其他形式。

价值互联网的核心特征是实现价值的互联互通。它将有效承载农业经济和工业经济之后的知识经济。而数字经济的重要驱动力，也将从数字化、网络化逐渐转向价值化。

区块链的去中心化、透明可信、自组织等特征，为价值互联网注入了新的内涵，将推进形成规模化的、真正意义上的价值互联网。

从信息化到网络化，再到可信化，价值互联网将开创互联网经济的新纪元。价值互联网必将像信息互联网一样，给人们的生活带来翻天覆地的变化。

4.1.1 确权+交换

如果说可信的数据建立了整个价值互联网，那么确权的数据则是可信数据的基础。只有在可信的大数据基础上，经过云计算得出的智能服务的结果才能真实可行。

区块链是进行数据确权、数据担责、价值交换和利益兑付的核心技术。区块链已经从数字货币、可编程区块链进入了基于区块链技术构建各类价值互联网应用的阶段。

构建以区块链、分布式记账、智能合约以及可信标识技术为支撑的价值互联网可信基础设施，是保障价值互联网互联互通以承载价值交换、支撑构建各类新型价值应用，从而整合和打造产业生态的重中之重。

例如，在管理方面：弱中心化组织（机构、国家、全球），实现管理制度化、制度流程化、流程IT化（数字化、网络化）、管理智能化（可信化）。

例如，在业务方面：金融、保险、物流、零售、知识产权等，实现业务契约化、契约数据化、数据可信化、业务智能化。

区块链通过真实唯一的确权+安全可靠的交换，为价值互联网的形成夯实了基础。

4.1.1.1 交换的安全可靠：价值是在供需中体现出来的，没有交换，就没有价值

（1）通过密码学，所有者只有提供签名验证才能释放自己的资产，转移给另外的人。

（2）通过共识机制，给交易确定顺序，解决资产的双重支付问题，确认后的交易记录在案，不能更改。

（3）通过智能合约，保障交易只有在符合条件的情况下才能真正发生，并自动化进行。

4.1.1.2 真实唯一的确权：价值的首要前提是确定资产的所有者

（1）通过密码学，利用公钥私钥机制，保证了对资产的唯一所有权。

（2）通过共识机制，保障了声明所有权的时间顺序，第一个声明的人才是某资产的真正唯一拥有者。

（3）通过分布式账本，保障了历史的所有权长期存在，不可更改。

现在，人们在网上看新闻、听音乐、玩游戏、购物，各种各样的信息在网络上互联互通。这些信息虽然也具有价值，但是它的侧重点却在于信息层面而不是价值层面。它们与现实生活中人们的实体资产没有直接的联系。

当区块链逐渐发展成信任基础设施时，它会推动互联网从信息互联向价值互联转变。信息不单单停留在虚拟世界，它将与现实世界紧密联系，虚拟世界的产品可以与现实世界的一一对应。互联网作为信息高速公路，在区块链的帮助下将会成为价值高速公路。

在未来，互联网世界中信息的价值属性将逐渐增强。现实生活中的实体资产在区块链的帮助下很容易实现数字化，数字化带来的一个优势就是交易方便，而区块链的特性使得这种交易可以不依赖可信第三方，其公开透明的特性不仅方便了交易流程监管，而且杜绝了重复交易问题的发生。这在提高了安全性的同时，也大大提高了效率。

4.1.2 价值互联网的未来

在价值互联网时代，内容生产者将得到应有的尊严和价值回报。每一个人都是独立的经济个体，而网络上的数据信息都有着明确而严格的版权归属。

价值将如同信息一样迅速而便捷地在互联网上传递，资金更是如此。

在价值互联网时代，以下的场景似乎正在变得真实可信：

（1）区块链可以为交易双方直接提供端到端的支付服务，其间不涉及中间机构。因此，支付服务的速度将得到大幅提升，同时成本将大幅降低。

例如，基于区块链技术构建一套通用的分布式银行间金融交易系统，将为用户提供全球范围的实时服务，跨境汇款将会变得更加便捷，费用也会更加低廉，大量的出国务工人员将得到更多的实惠。

（2）在区块链技术得到广泛应用的价值互联网上，互联网不再是一个信息泛滥且无版权保证的所在。

我们不再被黑客、网络强势方监视，也不会沦为数据泄密的受害者。每一篇文字、每一张照片、每一段视频乃至用户各自的行为习惯都有明确的所有权归属。

（3）在区块链技术框架下，社交媒体将开启新的时代。

首先，它可以为记者、博主、写手、段子手等所有自媒体提供者建立一个奖励型的"信用评级系统"，用来帮助处理虚假新闻、谣言等，然后嵌入到所有网站。

其次，通过向用户提供"保密"选项，以提高用户数据的隐私性。当他们的数据被窃取时，他们可以自动从泄密平台的加密货币中获得索赔。

最后，它可以通过使用智能合约来改善自动化，其中区块链可以代表用户同时与多个平台进行交互。例如，Facebook可以与微信交谈，又可以与直播平台交谈等。

时代在召唤价值互联网的到来，抓住此关键战略机遇期，构建基于价值互联网的基础设施、标准体系，将助力中国抢占未来价值互联网时代的话语权。

4.2 区块链与大数据时代的邂逅

作为互联网的几大热门词汇，"大数据"和"区块链"一直为人们所提起。当我们对大数据还懵懵懂懂时，时代又把区块链送到我们面前了。

简单来讲，大数据的重点在"数据"两字上，其是由各种社会活动产生的。而区块链是一种底层技术，就像互联网一样。不过它把网络技术作为自己的一个底层，在互联网的底层上搭建了一个区块链网络，很多人也把它叫作"价值互联网"。

现在，中国正处在一个巨大浪潮的起点上，正在经历着前所未有的经济结构重构和消费扩张。在这个数字经济大时代，"区块链+大数据"已悄然崛起，成为数字经济时代发展的重要驱动力。

4.2.1 在区块链中使用大数据技术的可能

大数据和区块链两者之间有一个共同的关键词，即分布式，它代表了一种从技术权威垄断到去中心化的转变。

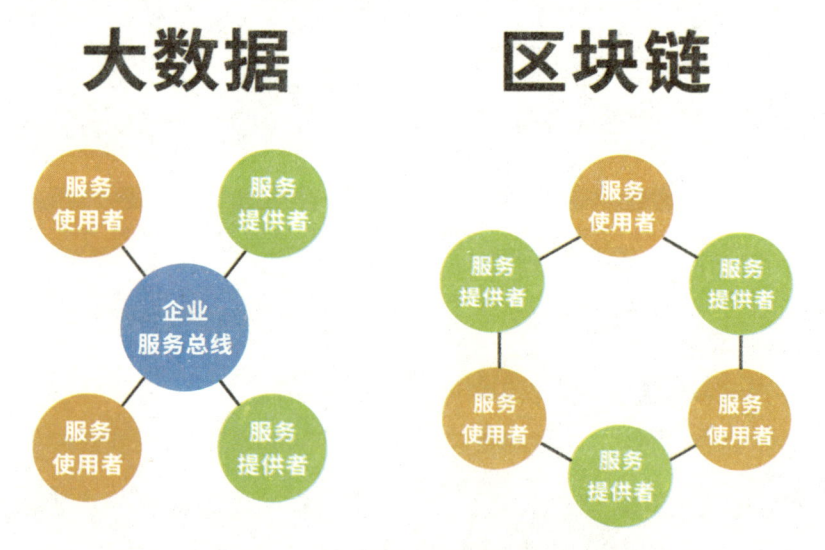

图 4-1 大数据与区块链的区别

区块链可以让数据真正"放心"流动起来。区块链以其可信任性、安全性和不可篡改性让更多数据被解放出来。

（1）区块链是一种不可篡改的、全历史的分布式数据库存储技术，庞大的区块链数据集合包含着每一笔交易的全部历史。随着区块链技术应用的迅速发展，数据规模会越来越大，不同业务场景区块链的数据融合会进一步扩大数据的规模。

（2）区块链以其可信任性、安全性和不可篡改性，将更多数据解放出来，推进数据的海量增长。

（3）区块链的可追溯性使得数据从采集、交易、流通到计算分析的每一步记录都可以留存在区块链上，使得数据的质量获得前所未有的强信任背书，也保证了数据分析结果的正确性和数据挖掘的效果。

（4）区块链能够进一步规范数据的使用，使授权范围精细化。筛选后的数据交易流通有利于打破信息孤岛，建立数据横向流通机制，形成"社会化大数据"。基于区块链的价值转移网络，可逐步推动形成全球化的数据交易场景。

（5）区块链提供的是账本的完整性，数据统计分析的能力较弱，借助于大数据灵活高效的分析技术，将极大地提升区块链数据的价值和使用空间。

4.2.2 大数据+区块链意味着什么

商业的本质就是买和卖，通过低买和高卖产生利润差，利用需求产生交易。每段交易的需求不同，交易的规模和范围也就不同。当需求转换的时候，资源就面临重新分配。

重新分配就需要我们去思考在哪个低点购入，在哪个高点抛售。这就需要进行信息分析，而信息分析就是赚钱的依据。

这些信息分析最终靠什么转化成直观的可见的资料呢？就是数据。数据最能直观表现信息。如果没有数据，低买高卖中的很多环节都很难量化，而无法量化就很难产生有效、真实的数据。

在信息时代，可以让环节落在数据上，这就是一个最直观的依据。低买高卖的时候，就可以有一个宏观的把握，形成我们最后的决策。但信息时代也有不完善的地方，那就是部门之间的排他性导致很难达到信息共享，但是区块链改变了这一切。只要在链上，所有的信息都是共享的，都成为可以使用的依据。而且这些数据，是没法被篡改的。

4.2.3 大数据+区块链的商业前景

简单地说，大数据技术是基于集中式核心思想的技术，而与之对应的区块链技术则是分布式系统，集中的大数据和分布式的区块链融合发展必将产生巨大的价值。

就像经济活动的驱动力是价值实现一样，作为同样有价值的数据，本身在流动过程中就需要有对等的价值流动。带着数字密码货币基因的区块链，本就是为价值而生的，有能力补上大数据价值流转这一短板。

《区块链与大数据》一书中提出：区块链技术凭借不可篡改、可追溯等特性，可以解决数据共享开放与交易交换中的若干关键问题。

区块链技术的去中心化、加密共享、分布式账本技术特性为解决数据流通和价值共享问题提供了解决方案。区块链可以生成一套记录时间先后的、不可篡改的、可信任的数据库，这套数据库是去中心化存储且数据安全能够得到有效保证的。通过这项技术，即使没有中立的第三方机构，互不信任的双方也能实现合作。简而言之，区块链类似一台"创造信任的机器"。

区块链可以提供可追溯路径，能有效破解数据确权难题。在数据流通领域，数据信息透明度低、数据伪造篡改、数据交易存在非法倒卖等问题一直存在，一旦数据交易触及法律问题，其举证和追责过程将会十分困难。使用区块链技术开发的数据交易溯源平台，可以把每一笔交易信息都放入区块链中存储起来，数据购买者可以得到一个交易凭证。在交易凭证中，可以看到该笔交易的数字证书以及该笔交易信息在区块链中的存储地址，待用户需要进行数据确权时可以进入溯源平台，输入交易凭证中的相关信息，查询到存储在区块链中的该笔交易信息，从而完成交易数据的确权。

大数据的交易可以转变为对数据使用权的交易，数据产生时即以加密的方式被固定在区块链上，买方购买数据的行为成了触发针对特定数据计算的行为，计算的过程会消耗代币，而计算的结果则直接使用买方的公钥加密，由买方持有。

区块链可以明确交易历史和各方贡献，助力数据价值衡量。数据计算以及结果输出的每一步记录都会被留存在区块链上，不论是对数据源头的质疑，还是针对买方私自复制的追责，都可以通过区块链的可追溯特性来解决。

区块链可以对数据的使用和流通进行快速、便捷的即付即用。利用智能合约，可能实现更小粒度的数据交易模式，如条目交易、后付款的信用交易、充值交易、授权场景交易、数据交换交易等，从而改变当前大数据交易的商业模式。

另外，区块链能够进一步规范数据的使用，精细化授权范围，防止数据滥用和违规使用；能够建立数据使用的征信机制，实现数据溯源。脱敏后的数交易流通则有利于打破信息孤岛，建立数据横向流通机制，并基于区块链的价值转移网络逐步推动形成基于全球化的数据交易场景。

把大数据与区块链相结合，能让区块链中的数据更有价值，也能让大数据的预测分析落实为行动，它们都将是数字经济时代的基石。

4.3 区块链 + 人工智能

区块链与人工智能天然优势互补。在人工智能为区块链提供更强大的拓展场景与数据分析能力的同时，区块链技术也为人工智能提供高度可信的原始数据以支持其持续的"深度学习"。

国家互联网金融安全技术专家委员会发布的《"区块链+AI"行业研究报告》指出，区块链与人工智能两项技术的结合具有七个方面的优势：

一是区块链可以提高人工智能的数据安全性。

二是区块链可以加速数据的累积，给人工智能提供更强大的数据支持，解决 AI 的数据供应问题。

三是区块链可以解决数据收集时的数据隐私问题。

四是人工智能可以减少区块链的电力消耗。

五是区块链使得人工智能更加可信任。

六是区块链帮助人工智能缩短训练时间。

七是区块链有助于打造一个更加开放与公平化的人工智能市场。

随着 GPU 算力、大数据、物联网、传感器等领域过去几年的指数级发展，人工智能开始爆发威力，如人脸识别、语音交互技术已经开始融入我们的生活。目前，全球人工智能创业公司增加了 5154 家，全球对于人工智能的投入超过 1000 亿美元。然而，目前市场缺乏一个平台来汇集所有的人工智能神经网络，各大公司、机构在高计算性能硬件的采购和维护以及神经网络数据上投入了大量的经费，制约了技术的发展。

一方面，人工智能产品上线后，与之匹配的用户量、计算量越来越大，造成成本升高。一些人工智能公司为了满足用户的访问需求，选择一次性购买大量计算资源，也就出现了资源闲置浪费。

另一方面，人工智能是由算力、算法、数据三要素构建的，数据量决定了产品的智能程度，但是由于数据目前涉及用户隐私，市场变成了卖方市场，数据提供方仅仅想出售数据使用权，而不出售拥有权。这就是目前人工智能公司的发展瓶颈，既无法获得数据，也无法对数据进行输出运用。

对于人工智能的发展瓶颈，区块链技术给出了解决方案。《"区块链+AI"将带来什么颠覆性变化？》一文做了不少有益的探索。

第一，帮助 AI 解释自己。

AI 当前面临的一大问题是黑盒的不可解释性和难以理解性。因此，清晰的审计跟踪可以提高数据的可信性，还可以提高模型的可信度，也为追溯机器决策过程提供了一条清晰的途径。区块链具有不可篡改、无法伪造时间戳等特性，无疑是建立审计跟踪的最佳解决方案。

第二，提高人工智能的有效性。

安全的数据共享意味着需要更多的数据、更好的模型、更好的操作、更好的结果以及更好的新数据。区块链分布式的数据库本质，使得获取更多更真实的数据不再是难题。

第三，降低进入市场的壁垒。

首先，区块链技术可以保护任何人的数据，这使得我们自己的数据可以自己做主，而不会出现数据寡头这样的局面。其次，区块链上的数据都是经过验证的可信数据。

此外，它将允许出现"数据市场""模型市场"这样的新市场，甚至出现一个"AI市场"。因此，把数据共享、新的市场以及区块链数据验证技术整合在一起，将降低小企业进入市场的门槛，缩小其与高科技巨头间的竞争差距。在降低市场准入门槛方面，区块链实际上解决了两个问题，即提供更广泛的数据访问和更有效的数据货币化机制。

第四，增加人为信任。

一旦人类社会的部分工作由自主虚拟代理机器管理，清晰的审计跟踪将帮助人机互相信任。区块链还能增加机器对机器的交互，并为交易提供一个安全的方式来共享数据和协调决策。

第五，降低重大风险概率。

在拥有特定智能合约的数据访问对象（DAO）中编写AI程序时，只有其自身才能执行，这将大大减少AI灾难性事故的发生。

其实区块链和人工智能是技术领域的两个极端方面：一个是在闭合的数据平台中创建集中化智能，另一个则是在开放的数据环境中推动分布式应用。

但是，如果能找到一个聪明的方法来将它们融合在一起，那么积极的外部效应就能无限放大。

5 "区块链+"

不可抵挡的新浪潮

5.1 智能合约，信用的初始

5.1.1 智能合约

智能合约由学者尼克·萨博（Nick Szabo）在 1995 年首次提出。他对智能合约的描述为：智能合约是一个由计算机处理的、可执行合约条款的交易协议。

按照尼克·萨博的描述，智能合约本质上是一个计算机的程序代码，交易人可以将他们订立合同的内容和执行条件，通过计算机转化为可识别的程序代码，当满足程序设定的条件时，随即触发系统自动执行相应的合约条款，从而实现交易。

由此可见，智能合约具有自动性和可执行性的特征。《论区块链智能合约的合同属性和履约路径》一文中提出：

一方面，履行合约的自动化应当是智能合约的积极功能的表现，而非达成合约的自动化，因为一项合约的成立必须有人的意志的表达，而不是机械性的指令。

另一方面，智能合约以代码的形式展现，仅具有"是"或者"不是"的判断程序，而合约中法律条文、交易内容在转化成代码前存在解释的余地。

为了保证合约内容具有可执行性，就要求以代码为表现形式的智能合约成为所有参与人的共识，否则智能合约就难以订立并执行。目前，国外早已存在的智能合约平台主要有 Ethereum（以太坊）和 Symbiont。

关于智能合约的讨论在比特币一出现就开始了，数字资产、智能资产意味着区块链的交易不只是局限于买卖货币这么简单，会有更多的指令嵌入区块链中。一个合约就是通过区块链使用比特币与某人形成某种协议。

智能合约可以由一个计算系统自动执行，如果区块链是一个数据库，那智能合约就是能够使区块链技术应用到现实当中的应用层。

传统意义上的合同就是双方或者多方就某种协议达成一致，决定做或者不做某件事，交易或者不交易某个产品，合同中的每一方或者多方都必须对方会履行义务。

5.1.2 智能合约的工作原理

智能合约完全不同于传统的合约，传统合约的订立需要双方意向一致以及相互信任，而智能合约则不需要彼此的信任。一旦建立智能合约，智能合约中的代码会强制执行，直到达成当初约定的结果，中途无论是谁干预都不能阻止它的运行。

基于区块链的智能合约包括事务处理和保存的机制，以及一个完备的状态机，用于接受和处理各种智能合约，并且事务的保存和状态处理都在区块链上完成。

智能合约的触发需要满足时间描述信息中的触发条件，当条件满足以后，将从智能合约自动发出预设的数据资源。智能合约系统的核心在于进入智能合约的是一组事务和事件，经过智能合约处理后，出来的也是一组事务和事件。它的存在只是为了让一组复杂的、带有触发条件的数字化承诺能够按照参与者的意志正确执行。

例如，区块链智能合约在金融业务中应用，就可以通过条件及代码的设定，实现数字身份权益保护、财务数据文件数字化记录、股权支付分割及债务自动化管理、场外衍生品交易处理过程优化、财产所有权转移等方面的应用。

这些金融业务在传统流程中依赖人工操作，需要耗费很高的人力成本。而智能合约技术的整合将减少人工操作过程中的错误和成本，同时提高效率及透明度。

5.1.3 智能合约的应用场景

智能合约已在各种区块链网络中得以应用，其中最重要和最受欢迎的依然是比特币和以太坊网络。虽然比特币网络以使用比特币执行交易闻名，它的协议也可以用来创建智能合约，但比特币实际上提供的是一种编程语言，允许创建自定义智能合约，如支付通道。

以太坊则是目前为止最引人注目的智能合约框架，因为它是专门为支持智能合约的使用创建的。用 Solidity 语言编程，以太坊智能合约框架有助于促进形成去中心化网络，便于用智能合约处理交易。

智能合约的应用场景有如下方面：

第一，金融贷款。

在许多常规的金融交易中，律师和银行的工作其实就是重复性地处理一些简单的任务，但是我们还不得不对律师或银行提供的工作支付大量的资金作为报酬。

智能合约能够使这些处理过程自动化和非神秘化，使普通人可以节省时间和金钱，而不用担心被骗。

第二，财政数据记录。

财务人员可以通过智能合约建立起准确、透明的账务数据，如分布式账本。此外，不同的组织之间还可以分摊成本，从而使总的会计成本得以降低，增强市场的稳定性。

另外，在汽车保险、医学研究上，智能合约能够让不同的机构之间实现数据共享，并对消费者的数据进行更新，简化运行过程。

第三，房地产登记。

区块链作为智能合约发展和实施的底层技术，可以从区块链的技术特征上找到智能合约实现的方式。

区块链去中心化的特点为土地等不动产及权利登记的创新提供了新的思路。我国不动产登记机关可以利用区块链技术实现互联网上不动产电子信息登记，代替登记机关的实体登记。交易当事人只要在智能合约中预先设定发生不动产物权登记的指令，当执行条件成立时，区块链中政府登记机关的电子登记簿就会对交易当事人特定的不动产信息进行相应的登记，从而实现物权的变动。

这样的物权变动方式能够保证物权处分人的不动产权属信息真实、准确，因为在区块链中任何信息都具有可追溯性和不可撤销性，能防止无权处分行为的发生，进而保障交易安全。

第四，物联网。

智能合约的自动履行需要借助物联网技术实现对个人资产的管理。可以通过物联网技术对个人资产设计唯一的标识并部署到区块链上，形成"数字智能资产"，从而利用区块链技术对资产进行控制或授权。当智能合约设定的执行条件成熟时，基于当事人预先输入的财产执行指令，就会发生合约的自动履行，实现不动产的交付并自动办理登记，或者动产（尤其是特殊动产）的交付等物权变动。例如，国外的Airbnb利用该技术促进房屋、车辆租赁等商业模式实现资产的自动化交接，这成为自动履行合约的典范。

5.2 支付进阶与数字货币的崛起

5.2.1 支付

一直以来，区块链技术凭借其透明、低成本、不可篡改等特性而备受瞩目。随着时代的发展，区块链技术也在不断地实现突破，世界各国越来越多的金融机构正考虑采用区块链技术提高效率，降低成本。

从全球范围看，未来银行与银行之间通过区块链技术实现点对点的支付，而不是通过第三方机构的趋势越来越明显了。《区块链支付，最佳支付解决方案的破局者？》一文中提出：

　　区块链技术之所以从发布至今一直被业界和学者不断探讨其与支付领域碰撞的可能性，从其本质来看，这是因为区块链技术的两大显著特点：该系统不需要中央控制器；记录中的历史因素不能被删除或修改。区块链技术是一种典型的去中心化模型。每个电脑主机都是一个节点，而且它们之间都是平等的，系统中各个节点可以直接交互，没有中心节点的概念。同时，任意两个节点的交易信息都向全网加密，所有节点都以加密区块存储方式，按时间序列单独记录，进而形成一种全新的去中心化模式。

　　摆脱了中央控制器的桎梏，这就意味着，所有角色的所有操作，都会即时生效并被记录于整个的用户网络当中，这在很大程度上消除了欺诈和误差的可能性。在一个理论上完美的模型中，误差和欺诈甚至是可以被完全消除的。而去中心化的模型结构，在提高效率、节省费用的同时，让金融交易的各方可以直接交互，大大优化了沟通和信任成本。

　　聚焦到支付领域，基于区块链的转账支付系统具有高效率性、高安全性、高可用性以及高扩展性等特点。采用区块链技术，使用分布式核算，每一位用户都能凭密码查询交易状态，实时清算资金，既降低交易成本和风险，又使交易效率大大提升。如转账，A汇钱给B的信息流的传递过程即A向B资金转移结算的过程，并且A和B通过各自的数字签名来证明身份，不需要第三方信任背书，直接实现点对点的电子现金支付。

表5-1 传统电子支付和去中心化电子支付的对比

特征	传统电子支付	去中性化电子支付
信任机制	第三方（如银联、支付宝、微信钱包等）通常由公司控制，受提供服务的公司支配	分布式验证，保护工作量证明（POW）、权益证明（POS）等智能合约体系。不受第三方控制，可以点对点直接交易
交易时间	交易时间取决于移动互联网或者所在局域互联网的速度	通过共识算法等实现。基于目前的技术，交易延时的问题有待解决
受益方	第三方公司获取现金流红利	奖励参与区块验证计算（挖矿）者
隐私和安全	交易个体信息被第三方公司掌握，依靠第三方公司信誉担保	交易个体隐秘，难以监管跟踪，篡改成本极高

区块链技术在各个维度都与支付相契合，在某种程度上来说，区块链技术被创造出来就是用来做支付的。而其去中心化的特性能够很好地弥补地域上的局限性，降低不同地区间的信任成本，也让跨境支付成为区块链支付发展的风口产业。

鉴于区块链技术和跨境支付领域的高度联系，众多金融及支付公司都早早入场，研发基于区块链技术的支付业务和系统。

案例一：全球首个区块链跨境汇款服务

2018年6月25日，全球首个基于电子钱包的区块链跨境汇款服务上线——中国香港版支付宝AlipayHK的用户，可以通过区块链技术向菲律宾汇款。

AlipayHK和菲律宾电子钱包GCash一直在寻找办法解决汇款难题，直到遇到了蚂蚁金服的区块链团队。截至2017年，蚂蚁金服是全球拥有区块链专利最多的公司，也在不断探索区块链应用的边界。

在大家的共同努力下，AlipayHK 成为全球首个在跨境汇款领域使用区块链的电子钱包，并由渣打银行负责日终的资金清算以及外汇兑换，使得跨境汇款也能像境内转账一样 7×24 小时不间断、省钱省事、安全透明。

跨境汇款因此被重新定义。从中国香港到菲律宾，区块链跨境汇款迈出了第一步，未来将有可能造福更多国家和地区的用户。

案例二：华人之星的世界支付生态

世界支付网是华人之星在自主创新的基础上，打造的多个块链解决方案。

基于"开放分享"的理念，世界支付网将搭建区块链基础设施，并开放内部能力，与全国企业共享，共同推动可信互联网的发展，打造区块链的共赢生态。

目前，世界支付网在区块链支付、交易、内容等多个领域内打造了多个区块链产品，它的成绩在区块链支付生态系统中可谓首屈一指。

世界支付网的产品领域包括以下几个方面：

（1）数字货币交易所。世界支付网正在倾力打造自己的数字货币交易所，交易所已进入上线阶段，支持全网主流货币交易，支持场内和场外交易。世界支付网数字货币交易所具有安全性高、平台流动性好、交易费用低、交易速度快、用户体验好、有足够丰富的交易对、支持多种衍生品、可提供 API 接口等诸多优点。

（2）区块链开放平台。世界支付网区块链开放平台包含区块链浏览器、媒体资讯、社群社区、服务应用市场等模块。世界支付网区块链开放平台积极引入生态合作伙伴，通过定义统一的标准规范，为企业及开发者提供"一站式"规划、配置、开发、上线和运维等平台服务。

（3）支付生态平台。世界支付网支付生态平台包含生态流转、平台模块等部分，将打通交易所、数字钱包、商家平台、支付接口等，实现虚拟货币在现实生活中的广泛流通。同时，世界支付网支付生态平台将构建结算体系、账号体系等，打造去中心支付生态体系。

（4）短视频内容平台。世界支付网短视频内容平台的目标是建立一个利用区块链技术，使用去中心化的共识方式为内容生产领域贡献定价的区块链网络，使内容生产者、内容支持者、内容筛选者和生态建设者都能得到合理的回报。

（5）区块链交互平台。交互平台的主要功能是交流互动，这也是很多互联网平台追求打造的一个功能。通过某个具有交互功能的互联网平台，用户不仅可以获得相关资讯、信息或服务，还能实现用户与用户之间或用户与平台之间的相互交流与沟通，从而碰撞出更多的创意、思想和需求等。华人之星世界支付生态将为用户提供安全高效的区块链交互环境。

当前，区块链技术在跨境支付领域还处于萌芽阶段，基于区块链的跨境支付业务模式还不成熟，但区块链技术可省去第三方金融机构、实现全天候支付、实时到账、提现简便及没有隐形成本等诸多优点是显而易见的，并且越来越多地改变着资金的转移方式，相信未来区块链支付技术将会在跨境支付领域有更为广阔的发展前景。

5.2.2 数字货币

早在2014年，欧洲银行管理局就给出了官方对于虚拟货币的定义，即

"虚拟货币是价值的一种数字表达，它不是由中央银行或某个公共权威机构发行，也不一定与某一法定货币挂钩，但被自然人或法人接受用作支付手段，可以进行电子化转移、储藏或交易的货币"。

根据这一定义，数字货币和网络世界中其他各种"币"都可以纳入虚拟货币的范畴。周永林博士在《数字货币、虚拟货币与代币关系揭秘》一文中，将数字货币分成两大类：一类是比特币等去中心化虚拟货币，另一类是Q币等中心化虚拟货币。前者有三个主要特点：在发行方面，没有一个中心化的机构（如中央银行或私人机构）控制和管理虚拟货币；可以和法定货币双向兑换，可以用于购买某些商品和服务；采用以加密算法为核心的区块链技术，使素不相识的人们在网络上建立信任机制，使点对点直接交易成为可能。后者同样有三个主要特点：由某一私营机构进行集中发行和管理；可以通过用法定货币购买或花费时间赚取等方式获得，但不能将虚拟货币兑换成法定货币；虚拟货币被限定在特定的平台中使用，一般只能用于兑换发行者提供的虚拟商品和服务，其价值完全取决于发行者的意愿。

目前，由于数字货币或虚拟货币应用政策的和法规还不明朗，我们对于该内容不再详细叙述。

5.3　加入区块链的物联网

从2018年初开始，众多科技热潮趋势报告和文章都明确地表达了一个观点：区块链、物联网可能是下一个发展关键。而且，到 2019 年，在所有物联网部署中近 20% 可能具有基础的区块链服务。

区块链已成为科技界的新宠，许多个人、企业、政府机构甚至秘密组织都在利用该技术进行各种各样的尝试。

在未来，物联网或许是与区块链擦出最多火花的领域。究其原因，我们要从传统物联网行业面临的问题谈起。

5.3.1 挑战

到目前为止，物联网面临的最紧迫的挑战是安全性与完整性问题。

安全性指的是确保数据的隐私性、数据存储的安全性；完整性指的是数据的连续性和各种数据交互的兼容性。

随着物联网逐步渗透到我们生活的方方面面，互联网与物之间的互联互通问题也在急剧增加。这些问题主要体现在六个方面：

（1）硬件方面。由于物联网应用场景的不同，传感器的种类众多，作用各不相同，在很多细分场景，存在着成本与规模的问题。传感器本身需要一些半导体材料、生物技术、芯片技术、封装工艺等的支撑，其技术更新换代会受到限制。

（2）标准兼容方面。物联网终端设备的千差万别，通信协议的差异，不同的应用场景需求，导致物联网领域的各类标准不一致，如硬件协议、数据模型标准、网络协议、传感器标准、设备连接标准、平台兼容性、第三方应用接口、服务接口等不一致。各类标准不一致会导致资源浪费，并使设备在互通调用上存在各类问题。

（3）数据存储问题。目前将物联网设备信息采集后的数据存储在中心服务器（云服务）上，但联网设备数量的几何级增加，会对数据的存储成本、存取效率、性能稳定性产生巨大的考验。即使克服了空前的经济和工程方面的挑战，云服务器仍然是一个瓶颈和故障点，这会颠覆整个网络。当人类健康和生命越来越依赖物联网时，这就显得尤为重要了。

（4）数据分析问题。目前对采集后的物联网设备数据的处理，只是简单的设备联网管理、运行状态等方面的数据处理和服务，缺乏对数据的深度挖掘和价值运用。这方面也会受制于人工智能和大数据技术的发展。

（5）行业应用场景问题。目前基于物联网的行业应用场景尚处于初期发展阶段，智能设备联网后并未通过智能化改善人们的生活，消费者意愿不强烈，缺乏成熟的商业模式。

（6）安全问题。物联网领域在智慧城市、交通、能源、金融、家居、医疗等方面都有具体的应用场景。在这些场景中，各种不同类型设备的连接数量和数据传输量都会达到前所未有的高度，其执行环境又各不相同，传统的网络安全防御面临着巨大挑战。面对这些问题，区块链将如何解决呢？

物联网行业本身是一个上下游衔接很完善的行业，它像融合云计算、大数据、人工智能技术一样来融合区块链技术，运用区块链技术去解决或完善物联网产业中的某些环节或问题，而非重新走一遍物联网行业各环节的流程。

因此，区块链技术在物联网行业的运用主要是在平台层和应用层，体现在数据安全隐私保护和数据交易结算这两方面。

5.3.2 数据安全隐私保护

目前的物联网应用基本上是采用中心化的结构，所有的数据汇总到云资源中心进行统一控制管理。物联网平台或系统一旦遇到安全漏洞或系统缺陷，就可能存在信息泄漏风险。

若采用区块链技术，数据发送前先进行加密，在数据传输和授权的过程中加入身份验证环节，涉及个人数据的任何操作都需要经过身份认证进行解密和确权，并将操作记录等信息记录到链上，同步到区块网络上。通过区块链的这种方式，可以在一定程度上保证用户数据的安全性。

5.3.3 数据交易结算

目前的物联网仅仅是将设备连接在一起，完成数据采集和设备控制功能，并不具备很高的智能。未来的物联网需要的是各终端联网设备具有一定的智能，在给定的规则逻辑下进行自主协作，完成各种具备商业价值的应用，如数据间的交易、价值转移等。

在这个过程中，必须保证数据的授权可信、可验证，以及数据交易的整个过程完整记录并无法篡改。

要实现这些功能，在中心化架构下，不同利益主体间很难完成机器数据间的自主协作和交易。

采用区块链技术最大的优势在于能够提供去信任中介的直接交易，通过智能合约的方式制定执行条款，当条件达到时，自动交易并执行。

这种方式可以产生很多应用场景。例如，通过智能合约控制家中的电冰箱，在饮料不够的时候直接向附近超市下单进行采购；超市送货时，根据货物条码自动扫描确认订单和完成支付等操作。

伴随着物联网技术的进一步应用，物联网连接设备数量呈几何级增长，中心化服务需要付出的计算、存储和带宽成本会加大企业成本压力。运用区块链的分布式点对点特性，也可以将物联网数据的采集、传输等环节，通过区块链网络进行分布式传输和存储，从而避免引入大型数据中心的数据集中管理和同步。

图 5-1　区块链 + 物联网带来的改进

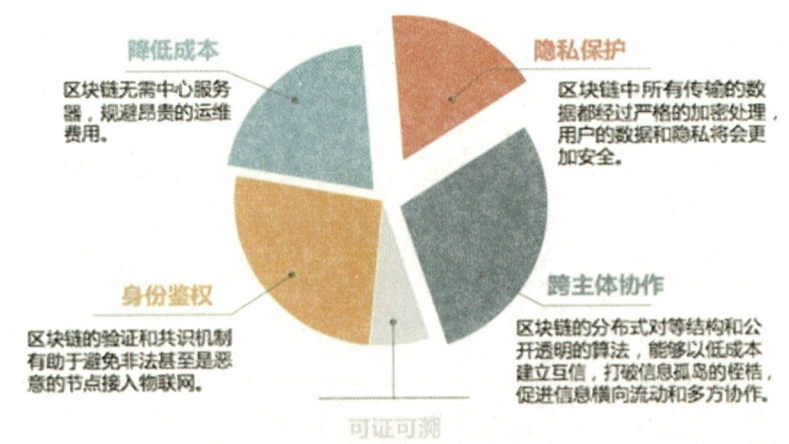

目前，许多物联网龙头企业已经在深入布局区块链技术网络。Forrester Wave 的物联网报告显示，IBM、PTC、GE、思科和微软已成为占据物联网平台市场的主导企业。IBM、微软、亚马逊和 SAP 都在各自的物联网云平台上提供区块链技术相关服务，为未来海量的物联网设备接入提供弹性资源池，做了超前布局。

5.4 让保险更加保险

保险对于信用、身份认证等的天然要求，恰好是区块链可以发挥优势的所在。未来，基于区块链智能合约的发展，或将彻底改变保险业的运营模式。

区块链利用密码学、分布式结构、不可篡改性、可追溯性、公开透明性等优势切入保险业，将大大提升保险在产品设计、市场销售、保险承保、保险理赔、客户服务等方面的运作效率与服务质量。

大体上看，区块链可以在以下几个方面对保险业的痛点提出解决方案。

第一，数据可得性。

由于传统保险固有的"道德风险"与"逆向选择"问题，保险公司为了对保险进行勘察往往需要建立强大的核保部门或者依靠公估等第三方机构。利用区块自证明模式，可以通过区块链的公开信息对个人身份信息、健康医疗记录、资产信息和各项交易记录进行验证。

第二，数据连续性。

在国外，驾驶行为车险（UBI 车险）普及很快。消费者行为数据由承保保险公司所有，行业间数据不共享。利用区块链存储用户数据，客户信息独立于承保人存在，数据能够通过客户的公共密钥让第三方获得，完善的行为记录可以强化风险评估和核保核赔工作。

第三，特殊风险。

艺术品或其他特殊物品保险需要对保险标的进行合理评估，但传统保险未能有统一有效的办法；对艺术品、宝石等的特殊风险评估难度大，误差高。运用区块链技术易于追溯保险标的来源，并且所有者及物品所在地都会被记录上链，以确保传承有序。

第四，减少欺诈。

保险欺诈金额巨大，尽管保险公司投入大量资金解决此类问题，但依然无法避免，对保险公司造成巨大损失。区块链技术在保证隐私的前提下，实现理赔透明，通过公有链对索赔历史进行检索，侦测潜在骗保行为，不会产生重复理赔问题。

第五，保险代理。

中介代理成本高，结算不及时，中介造假时有发生。保险公司通过与区块链平台进行交易确认、记录，借助智能合约自动执行相关协议，能够有效避免造假，提高效率。

第六，敏感信息的核验和授权共享。

传统保险核保核赔过程中，经常涉及验核用户的敏感信息，如身份、健康档案、消费行为和出行记录等。

从国家法规到公司内部管控都对这类敏感信息的处理有严格的规定,信息拥有方几乎不可能允许敏感信息离开自己的管理范围,因此这类信息往往分散留存,难以实现核保核赔和反欺诈的协同。这种保险行业经常面对的信息不对称问题或将由区块链技术来解决。

在区块链系统中,我们可以通过加密算法消除信息泄露和储存泄露的隐患。对于敏感的信息,其拥有方可以不直接将原始数据传给另一方,而是将加密后的信息上传到数据链上,拥有授权的第二方则通过二次解密技术对加密信息进行解码还原。这一过程将极大地降低数据泄露的风险。存留在区块链中的信息记录也不存在数据篡改的可能性,这样可以省去信息核对的必要成本。

改善的领域	渠道 (营销和销售)		风险管理 (承保和理赔)		运营(包括IT)	
个人保险业务 10~13个 百分点	改善来自更准确定价,因为数据存储在区块链上以及更快地恢复KYC信息 ·应用人工智能进行欺诈识别		6-8个百分点 2个百分点		智能合约用于自动理赔识别和结算 2-3个百分点	
商业保险业务 10~13个 百分点	·通过区块链上的KYC数据自动承保 ·适应性风险管理基于区块链上的物联网数据		6-8个百分点		·理赔结算过程自动化 4-5个百分点	
再保险 5-6个 百分点	·风险集中(用区块链发现风险)可以自动发现		约1个百分点		·再保险过程自动化 4-5个百分点	

图 5-2 区块链如何改善保险公司的综合经营比率

去中心化、透明的分类式账本可以与不同的行业相结合,而传统的保险行业或将成为区块链技术的主要受益者。据不完全统计,当今世界上的区块链项目中,大约有 20% 的项目是直接与保险行业有关的。

区块链已快速地深入保险行业当中,从风控、运营、再保险等方面影响保险公司的效率和商业模式。全球范围内已有部分保险巨头和新兴网络公司开始使用区块链技术来防范保险欺诈、追踪医疗记录等。区块链代表着科技发展的方向，将成为推动保险迭代创新的重要力量。

5.5 区块链+IP

最近几年来，IP这个词一直非常火热。综艺、影视、小说都成了IP的战场，但是IP版权问题却一直没有得到解决。如果不能有效解决日益猖獗的盗版问题，势必会影响IP在版权所有者手中所发挥的巨大潜力。

随着知识经济的兴起，互联网成为知识产权保护的前沿阵地，但在当下的互联网生态系统中，知识产权侵权现象不断发生，网络著作权官司纠纷频发，侵蚀原创、行政保护力度较弱、举证困难、维权成本过高等问题成为内容产业的尖锐痛点。

区块链的出现为解决这些痛点提供了有益的探索，可让版权IP既得到分享又被很好地保护。区块链应用于IP的颠覆变革主要表现在两方面：一方面，区块链拒绝数据篡改，数据不可以追溯性修改；另一方面，区块链每一环可编程，自动发起交易。

5.5.1 区块链+IP前景分析

区块链应用于版权，可以对版权的权利所属、追溯、交易等环节进行彻底改进，有效地消除原有版权运作机制的弊端。版权领域存在的版权归属不清、盗版、版权纠纷等各种棘手问题，将变得有章可循，从而建立起完善的版权体系。

区块链与版权融合，还可以很好地减少各种内容版权的授权和管理费用，从而简化手续，提升版权服务质量与效率。

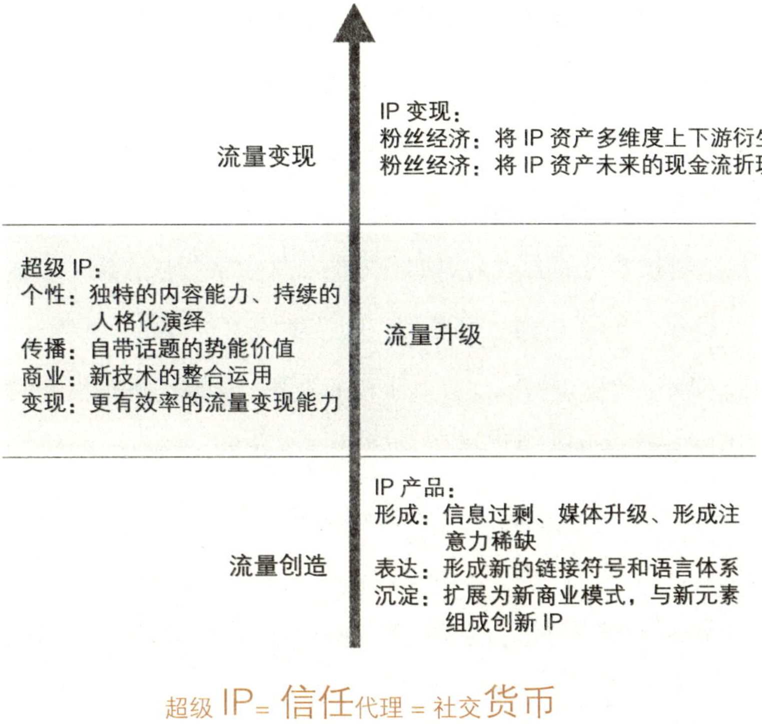

流量变现
　IP变现：
　粉丝经济：将IP资产多维度上下游衍生
　粉丝经济：将IP资产未来的现金流折现

超级IP：
个性：独特的内容能力、持续的人格化演绎
传播：自带话题的势能价值
商业：新技术的整合运用
变现：更有效率的流量变现能力

流量升级

流量创造
　IP产品：
　形成：信息过剩、媒体升级、形成注意力稀缺
　表达：形成新的链接符号和语言体系
　沉淀：扩展为新商业模式，与新元素组成创新IP

超级IP = 信任代理 = 社交货币

图 5-3　IP 数字资产核心价值演进

区块链技术的广泛应用，正改变着文化创意产业的业态。区块链+文创产业将在商业模式、业务流程、组织形态、生态体系等方面引发全新的变革。区块链技术将文化产业链条中的各环节加以整合、加速流通，将有效缩短价值创造周期。通过区块链技术，对作品进行鉴权，证明文字、视频、音乐等作品的存在，保证权属的真实、唯一性、一致性，能有力保护知识产权。一旦作品在

区块链上被确权,后续交易都会进行实时记录,进而实现文化产业全生命周期管理。

以软件为例,软件的著作权登记证书记载了软件的作者、创作时间、权利归属等事项。

如果软件基于区块链技术进行发行,那么在软件的每份拷贝中都记载了软件的基本信息,如权利人的信息、使用软件的范围、使用期限,并且通过区块链技术可以轻松识别未经授权的拷贝,并拒绝盗版拷贝的使用,可给予版权所有人对软件作品更强大的控制力度。

因此,区块链技术可能会成为更加有效的软件数字版权管理(DRM)技术。通过基于区块链技术的播放器、浏览器、阅读器或其他软件,影音、美术、文字等类型作品的网络传播就可以加强对版权的控制,更好地维护作者的权益。

正是因为区块链技术对于知识产权作品发行的天然辅助优势,基于区块链的知识产权众筹模式也被提出。位于德国柏林的 Ascribe 公司就通过使用基于区块链技术的记账系统,让作者可以固定作品的权利属性,安全进行分享并追踪作品的传播。而且可以通过区块链系统对作品的真实性进行正名,在发行时也可以限制发行的数量。

利用区块链技术打造文化 IP,可基于区块链特性和虚拟市场规则,使用户能够参与文化 IP 创作、生产、投资、传播和消费的全流程,且不需要依靠第三方平台就可以完成。

同时,利用区块链技术添加信任的确权节点,进行 IP 及其相关权利的交易以及权益分配等,可解决交易不透明、内容不公开等问题,还可以通过区块链跨地域建立人与人之间的信任关系。

5.5.2 区块链对文化传播的重要性

5.5.2.1 搭建文化艺术公链,搭载文化艺术领域所有数据和服务,构建文化艺术完整生态

通过区块链分布式网络构建文化艺术领域底层公链,链上将搭载未来所有文化艺术领域的从业者数据、作品数据、交易流通数据、防伪溯源数据、品牌保护数据、知识产权数据,并搭载整个文化艺术市场的服务场景,将全国各地散乱而无法整合的文化艺术市场通过这个公链融合起来。这样,文化艺术将以更加饱满的面容展现在所有的文化艺术爱好者和整个市场的消费者面前,文化的传播不再是一个小圈子里一小部分人的专属爱好,更多的人能够在区块链构建的绝对诚信的环境中放心地对文化艺术和文化艺术作品进行鉴赏和消费。这样的方式让越来越多的人能够更近距离、更低成本、更放心地去触摸文化带来的美,感受文化艺术的魅力。

利用区块链本身的通证自驱动力,可加强文化艺术传播的效率和覆盖率。无论是文化艺术产品数据还是从业者数据或消费者数据,都会在这条链上面流动和永存。

文化产业的传承离不开消费市场的驱动,但是如何将消费市场真正地构建起来,直至今日在文化消费领域仍旧是一个难题,其根本原因是消费的不确定性和消费的认知壁垒。

文化艺术消费过程中的"水"很深,没有足够的鉴赏功力将难以形成一次具体准确的高性价比消费,文化艺术产品无法量化的属性让产品无法真正走向终端消费市场。在这条文化艺术链搭建完成以后，多维度的大数据在链上越来越趋于饱和，经过细颗粒度的数据综合分析之后，这些壁垒将越来越弱化。

这些数据上链也有助于杜绝文化消费中最令人头疼的真伪鉴别问题。利用区块链数据的分布式储存、无缓存使用的特点，也能保证数据的安全性和加密性。

5.5.2.2 艺术品信息管理，方便分析文化作品大数据，多场景可以直接应用

区块链被誉为第三次互联网革命的底层技术，是价值互联网的核心基础。区块链以去中心化为特征，具有防篡改、分布式记账、操作透明、安全性高等多项特性。区块链技术将文化艺术品信息进行安全存储并且通过使用私人密钥来获得，这将形成一个"文化账本"。而随着文化数据的完善，这个"文化账本"将在各个领域得到多种场景的应用。

例如，买家可以通过"文化账本"快速达成交易；创作人可以以此来量化作品，进行多维度推广传播，创造全球影响力；鉴定市场能以此为参考基础，做出权威鉴定。

区块链的去中心化属性，即通过多台计算机存储和验证加密信息的做法，可消除单一实体掌握信息可能伴有的风险与疑虑。基于区块链的智能合约以及高级数字加密加数字签章，保障了文化作品交易的有效性和真实性，可以很好地帮助文化作品实现点对点的交易，并消除昂贵的中间商差价。

5.5.2.3 区块链的数据加密和储存属性，保证文化信息上链之后依旧归属于个人管理，真实有效

真伪辨别、价值判断、投资方向是艺术收藏者的普遍门槛。基于区块链技术，将原材料、文化作品、艺术家、个人藏家、拍卖行、各类机构等细节信息数字化并存储于链上，可以使作品拥有唯一的数字身份，同时结合人工智能与大数据分析，从多维度进行智能分析，出具智能数据分析报告。

数据分析报告将囊括文化作品过往所有的交易信息，包括真伪匹配度分析、市场趋势分析及购买建议等，形成基于区块链技术的可信任标签。并且基于区块链技术的激励机制，可以保证数据实时更新，真实有效。区块链的数据加密属性，可以保证信息上链后依旧归属于个人管理，最大限度地保护文化收藏者的隐私。

5.5.2.4 价值互联网体系助力文化产出，轻化传播方式

通过区块链的智能合约和数字身份，可以有效界定链内的文化作品资产属性，降低交易门槛，买家可通过购买数字份额参与到高价文化作品的买卖中。即每个人都可以为艺术、为文化买单。

简单来讲可以类比网红，网红的流量粉丝成长就是一个通证激励模型的最好体现。只是利用更为稳定的通证模型之后，量化的价值会更为广泛地参与到整个艺术链条上进行流通。

一个孩子在学习艺术的过程中是没有任何艺术价值产生的，但是当他学成之后，他的艺术价值体现出来的时候，他的学习成长过程也就同步拥有了

价值。如果这样的价值迸发在成长之后，培养的代价和学习的动力都会很弱，不利于文化的传承和传播。

让更多人参与到培养一个艺术天才和大师的过程中，最终一起分享成果，就可以解决这些问题。

基于区块链技术的激励体制，通证作为整个生态流通过程中的一般等价物，不仅能够用于文化传播，而且可以反哺文化生态，不再让文化生产者饱受贫苦。通过将作品数据上链，获得算力奖励，对创作本身起到反哺作用，可使圈子得以扩张，使市场的贯通更加简化。

5.5.3 华人之星：文化市场需求与解决方案

5.5.3.1 关于华人之星

2018 年 5 月，华人之星助资杭州溯博链鑫区块链科技有限公司，双方先后在华东、华北地区成立安徽、内蒙古、丽水、南京四家区块链分公司，为地方实体企业进行区块链应用开发服务，同时完成了华人之星的文化产业链布局。华人之星是以区块链技术为核心驱动力，利用分布式存储、公开、公正、透明、数据可追溯、不可篡改等特性建立文化产业权威数据账本，通过底层公链研发创造应用载体，应用通证模型构建完善的文化产业区块链生态体系。华人之星将文化产业传统运作思维引入数字经济模式，从而打破行业信息孤岛，不仅完美解决了作品中的真假鉴定难、确权难、交易双方缺乏信任等一系列难题，还通过通证模型激励市场，深挖作品所蕴藏的文化价值，以及每一件作品背后的匠人精神,从作品的出产、流通、传承等多个方面为文化市场提供助力。与此同时,华人之星延伸线下拓展路径,同步拓展文旅、地产、矿业等生态产业,实现线上、线下双向呼应式产业化布局,最终以支付生态体系建设贯通全生态产业布局,创造中国乃至世界级区块链、文化领域的航空母舰。

华人之星志在为各地区企业提供区块链技术的应用服务与支持,助力中国区块链技术的发展与应用的落地,推动"区块链+产业"的发展与创新。

短短数月,华人之星运用区块链主链及技术帮助实体企业成功"链革",实现多个侧链项目落地应用,取得卓著成效。

5.5.3.2 华人之星的文化传播生态背景

在今天,新文化产业和大健康产业、高科技产业、新农业产业并列为最有发展前途的四大产业。

五年前,文玩市场还处于文玩圈子内的鉴赏收藏消费层面,消费人群不足今天的百分之一,市场规模远远低于今天。而如今,我们随处可见男男女女将手腕上的手表换成了金刚菩提手串,将脖子上的金项链换成了星月菩提加蜜蜡绿松挂链。

这种从行业内的小圈子消费文化向整个市场文化的过渡催生了大量文玩从业者和艺术家,并激励他们更加精进地完善甚至突破。所以唯有打开消费市场才能真正地催发文化艺术产业的爆发力和耐力,让文化艺术走到普罗大众中去。

如我国传统的国画和京剧,现在了解这个文化领域和艺术方式的人越来越少,这是因为这项艺术的鉴赏存在能力壁垒问题,而且这项艺术很难做到向时代和市场贯通。

当今,我国的文化艺术市场还处于原始初级的阶段。经过数千年的发展,虽然所有的商业规则都在不同的时代经历着不同程度的转型和变革,但唯有艺术交易市场从未因为时代的变革而有多少改变。文化艺术紧闭在一个几乎完全和外界隔绝的圈子里,极度分散的市场格局很难让其具有侵略性和传播能力。

在西方,中产阶级是艺术品消费市场的主要力量。在街上散步,人们可以看到很多家规模不大的画廊,谁都可以推门进入,或流连其中或买一幅回家。

而中国的中产阶级,虽然钱包日渐充盈,也接受并喜欢艺术品,但"没时间,没精力关注艺术品"是他们普遍的抱怨。在越来越快的生活节奏下,"随时随地""场景化"才是大众消费的潮流,而这也暴露了我国文化产业存在的以下几个痛点:

(1)**文化产品数据分散,不易形成细颗粒度画像,市场化困难**。信息的壁垒让人们对作品的真伪、价格的公道与否都心存疑虑。复杂且维度诸多的数据集合成了文化产业数字化道路上的难题,也阻碍了文化艺术的传播。

(2)**缺乏中心化的衡量标准**。一直以来,文化产品、艺术品领域都没有一个完善的数据采集体制,导致每一个所谓的权威认定都趋于中心化,即某人或某几个人、某拍卖行认同的价值就是市场标准,这也导致信任危机不断爆发。

（3）文化产品、艺术品价值无法切割，小众化发展趋势明显。 艺术品作为商品时的属性主要包括以下几点：非标准品；小众、低频交易；单品高价值。这些特性导致文创产品极高的单品价值和越来越小众化的发展趋势，进而使得文化艺术的传播与推广高成本化、小众化。

（4）信息无法场景化使用。 自身的非标准化商品属性，让文化作品在交易过程中很难如普通商品那样，让买家通过网站发布的文字、图片信息获得足够清晰的认识，买家无法对唯一性的作品给出标准定价，也难像对待普通商品那样加以评价，更不能对欣赏作品的感受进行量化。这也是文化作品流通渠道方式单一、新兴渠道拓展难度高的根本原因。

5.5.3.3 使命与定位

文化之星通过应用区块链技术，试图解决文化产品的信息长久以来无法完全数据化的问题，并通过艺术品账本的建立，降低交易成本，为艺术家和文化作品服务商提供依据。

文化之星通过去中心化保证信息安全、更迭以及完善，同时基于价值互联网体系，双向哺育文化生态圈，助力文化推广与传播。

文化之星对所有文化艺术相关的元素逐一整理分析，规划相应的链上生态角色，将整个文化艺术链从底层向全生态推进，利用通证的激励特性，将整个文化艺术市场彻底构建起来，从创作、鉴赏、消费、溯源、交流、拍卖多个角度建立完整的文化艺术生态环境。

文化之星旨在让更多的艺术家、服务商感受到文化信息上链后的价值体现，引领文化艺术走向全世界每一个角落。

5.5.3.4 技术说明：华人之星文化链

华人之星是文化之星控股企业溯博链鑫着手打造的一条底层公有链，这条公有链基于 Graphene 的底层架构，以 DPoS+（Delegated Proof of Stake）作为共识机制，支持每秒上十万次交易的吞吐量，满足商用场景中高并发、高吞吐的需求。

与其他公有链不同的是，华人之星是一条有数据基础的公有链，在华人之星上开发易货交易平台，可以通过各类服务接口接入这些企业公信数据，以更好地服务于企业间的合作和服务等商业市场场景。未来，华人之星将部署虚拟机，从而执行可编译的智能合约，并且将支持横向扩展，满足各类商业场景的需求。

5.5.3.5 华人之星的执行方案

（1）建立文化信息数据信任体系。所有数据都必须经过用户授权方能采集或者使用。尽可能丰富信息的抓取工具，建立安全的支付生态，开放的共生生态。数据通过画廊、拍卖行等原有交易渠道和场景上链，且通过藏家、艺术家自主上传建立作品信息卡等方式权威抓取，不可篡改。在数据的储存方式和使用渠道上保证数据的绝对安全性。

华人之星不断开拓优质作品数据使用场景，让贡献作品数据的用户能够最大化地享受到更加便捷的服务和更加安全的数据储存管理方式。

（2）构建艺术品信息区块链生态。通过去中心化的方式采集和存储作品信息，应用数据的场景，基于区块链去中心化智能协议和分布式储存技术构建作品信息账本，整合文化作品大数据，让文化艺术作品来源可靠、传承有序、真伪可辨、流通有途，并以此为基础开拓后续的服务场景。

华人之星可以让每个人都拥有数据管理使用权，并以数字资产发行、流通产生数据价值。企业、个人也可以基于华人之星创造新的协议和交易规则，形成去中心化的商业社会生态，最终通过开放的文化传播生态系统，将原文化传播方式带入新的节点。

（3）打造 CTCoin 生态。基于华人之星艺术品信息账本和 CTCoin 赋能数据价值加速形成文化艺术作品交易场景搭建基础，同时基于海量文化艺术作品信息开展大数据分析和市场开发，基于用户文化作品信息账本做文化传播所需的应用场景开发，如溯源场景、鉴赏场景、拍卖场景等。另外，需向数据提供用户分配数据变现利润。

5.5.3.6 华人之星主链项目

（1）三界外。三界外生态旅游度假区位于安徽省滁州市明光市三界镇，地处江淮分水岭核心地带。三界外生态旅游项目被滁州市农委、滁州市旅游局评定为全市休闲农业与乡村旅游示范点，并因其清新的景致、田园气息与梦幻气质有"南京后花园"的美誉。

"跳出三界外，不在五行中。"三界，得名于此。

一花一木一世界，一山一水一梦间。作为文化符号的"三界"是一处虚无缥缈的居所，那是凡人难及的域外之境，是人们最理想的精神家园。

三界外以特色农业自然景观吸引游客，春天赏油菜花，秋天看向日葵；依托美丽乡村梅郢村的3D墙画，以小手拉大手的形式把游客留下来，做爸爸妈妈小时候玩的游戏，吃爷爷奶奶小时候吃的饭菜。并凭借"三界外"的意境，全力打造"福文化"，让人们在祈福中感受中国民俗文化的内涵。

华人之星与三界外生态旅游度假区达成收购意向，以区块链技术扎根文旅地产，构建全国首个智慧型养老小镇，推进区块链技术在文旅产业的落地。

文旅项目的本质决定了其自身含有文化因子，除了常规旅游项目外，文旅项目还有许多为满足专门目的开展的旅游活动，如汉诗旅游、历史探秘旅游、书法学习旅游、围棋交流旅游、名人足迹寻访旅游、民族风俗旅游等，可谓种类众多，意蕴深远。

华人之星在文旅产业的价值在于，它形成的网络是一个透明且不可篡改的全球数据库，网络上的每个用户都可以实时上传和获取旅游数据，以更好地服务文旅生态闭环内的所有群体。同时，华人之星切入文旅产业，能使参加这种旅游活动的人在这一专项领域掌握更多的信息资料，以便更好地放松身心灵，并在潜移默化中更好地受到文化的熏陶。华人之星运用区块链的尖端技术，帮助三界外等文旅产业上链，围绕"文化旅游""大健康"等产业进行线下生态延展。

（2）**玉石产业**。珠宝玉石交易过程极为复杂，从采集原料到加工、批发再到零售，消费者无法得到产品全面的信息，同时也很难确保交易的真实性与安全性。

但是当珠宝玉石交易遇上区块链后，从原料开采开始便采用分布式记账，每一个环节都会被清晰地记录，并且这个记录对消费者、商家公开，即使珠宝还没有到指定地点，参与这一系统的人也可以查到珠宝的状态。并且分布式记账以及其不可篡改的属性和共识机制，解决了电子凭证与实物一一对应的问题，从而确保了产品的真实性。

华人之星利用技术优势，以持股方式与中能玉业集团共同开发玉石产业链。运用区块链技术，珠宝玉石行业能够进行分布式记账，加盖时间戳并实行参与各方的共识机制，真正地发挥区块链技术在玉石交易中的优势。

华人之星能够更好地解决交易变现的问题，因为区块链技术能够给行业提供一个很好的代币交易平台，这样珠宝资产就相当于已经被激活，可以随时变现。另外，为变现的资金提供一个顺畅的资金链，从而能够更好地实现效益转化。

同时，国内外地下采矿技术发展很快，很多采矿新技术、新工艺、新材料和新设备在地下矿山得到了应用。华人之星将在原有基础上进行横向拓展，以持股、控股等形式整合玉石矿产行业，并开放多个线下宝石店铺，以玉石为切入点最终渗透到整个珠宝行业。

5.5.3.7 华人之星侧链项目

（1）真久链。真久健康产业联盟链是由华人之星与浙江大学工业技术研究院、南京健康产业研究院、苏州真久生物科技有限公司共同发起，以真久海参肽系列产品牵头，联合社会上各健康产业机构，运用区块链技术打造的一个为健康产业服务的产业联盟链。

为了实现真久联盟链内部交易、财务系统的优化运用，同时为了更好地优化产业生态、构建诚信产业环境，真久链运用区块链通证技术设计了"真久积分"，进行联盟链内部流通与价值交换。

（2）披云链。披云水是华东区域高端、健康饮用水标志性品牌，是2010年上海世博会指定饮用水、浙江省体育大会指定饮用水，品牌价值优良，市场前景广阔，亟待产业升级扩大规模。丽水地区生态产业丰富，历史文化底蕴深厚，然而小（规模）、散（集约型差）、低（产值）的产业现状，导致生产和销售市场不匹配，生产价值不能有效转换。

鉴于此，华人之星联合披云水公司共同发起披云链项目。披云链是依托丽水政府的支持，以丽水地区的生态产业为基础，以用披云水股权投资为切入点而开发的生态产业联盟链。

披云链目前包含披云水公司、龙泉青瓷、如云红茶、龙泉灵芝孢子粉、龙泉木耳、庆元香菇、龙泉宝剑、青田石雕、处州山茶油、云和玩具、青田杨梅、松阳民宿、遂昌旅游、古堰画乡、仙都景区等。

披云链高度契合当前生态文明建设的指导精神，力求做"绿水青山就是金山银山"的践行者、推动者，走出一条经济发展和生态文明相辅相成、相得益彰的新发展道路，让良好生态环境成为实体经济的增长点，成为经济社会持续健康发展的支撑点。

未来，作为中国区块链行业领导者的华人之星，将响应国家政策支持，通过运用区块链技术，帮助实体企业上链。同时打通各大产业市场壁垒，带动企业在应用场景、运营能力和产品把控能力上进行链改，为企业提供区块链落地应用模式，推动企业新旧动能的链接和转换。

5.6 区块链 + 政务公链

随着科学技术的进步，现代化的加速推进，以及政府部门政务的透明化，区块链技术应用于电子政务领域也成为探讨的方向。

基于区块链技术的电子政务数字生态系统，将向公民提供政务服务和政府各部门业务的自动化机制，结合政务所有领域，包含政府机构、经济数据、金融交易和社会领域，形成一个共有的信息空间。

5.6.1 政务链

关于政务链的具体定义，业内还没有明确答案，我们比较偏向于这种说法：所谓的政务链，就是指政府职能部门通过对信息流、政策流、服务流的控制，将区块链新技术应用于政务，以政策调控等手段将政府决策贯彻落实到目标对象并为公众提供政务服务的网链结构模式。

政务链是具有中国社会主义特色、符合中国国情的区块链底层技术，是真正的中国原创区块链技术。作为数据存储和交互的新技术，政务链的核心点不是去替代其他技术，而是要平滑融合到原有的技术体系，作为数据存储和交互的一种更高效、更便捷、更透明、可信任的新机制。

政务链的目标是在帮助现有行业体系更好地完成自己业务的同时，在保密、合理的层面上做到高效的数据拉通，构建数据共享共识体系的安全全景数据生态体系。

《工信部于4月17号开展对政务链的调研》中提到，政务链相比于传统底层区块链，具有诸多突破性的技术优势：一是主权化分层级管理。业务处理去中心化，管理中心化，贴合于当下实际业务场景。二是数据加密可控共享。业务和数据的真实把控，完美符合国家数据共享共识体系。三是智能事务处理机制。远超出智能合约的能力，多节点并发处理、自动执行、灵活配置事务。四是每秒百万次并发处理，事务处理高效。五是事务处理零消耗。

5.6.2 政务公链的落地

5.6.2.1 发展政务公链项目的优势

我国很多地区自然资源丰富，但产业发展较多依赖资源开发，形成单一化、重型化结构。新的增长点不足、结构性矛盾突出等问题让引进、塑造新产业成为促进地区新经济发展的重中之重。

2015年8月31日，国务院印发了《促进大数据发展行动纲要》，要求以大数据为代表的创新意识和传统产业长期孕育的工匠精神相结合，以带动改造和提升传统产业，有力推动虚拟世界和现实世界融合发展，打造中国经济发展的"双引擎"。

在互联网及大数据技术创新方面，地方可以发挥后发优势，整体布局，高效复制，能够在较短的时间内，以较低的成本实现政务及产业的快速进步。

同时，大数据区块链的实时、感知和预测等特点，可以为制造业的各个环节赋能，为制造业在降低成本、缩短生产周期、提升效率、细分产品定位、优化流程和决策等方面提供强大支持。

除了依靠得天独厚的资源优势、成本优势、政策优势之外，地区要发展，还得以大数据产业为中心，以大数据政务公链为底部支撑，积极吸引外省高新企业进入本地。同时鼓励内部创新，积极孵化本土企业，为新经济发展安上"双引擎"。

5.6.2.2 "链上地区"项目落地的前景与价值探究

从目前来看，"链上地区"项目的价值主要落实在以下三个方面：

第一，提高行政效率。

政务公链提供的可靠数据，可大力辅助政务部门的工作。采用公钥私钥数据管控机制，可提供安全可信的身份认证服务，为各类审批事项提供可靠的数据支撑。

公链提供的宏观数据分析，能够辅助行政决策，打破各职能部门之间的信息孤岛，有助于党委政府一盘棋掌控政务大数据公信账本。

政府下属各职能部门的多维度政务大数据上链，市委市政府从更高级别层面拥有全面的、客观的、可信的、多副本的数据政务大数据账本，并且数据安全、不丢失、不可篡改。这也方便市委市政府从工作全局方向掌握所有数据，进而做出高效权威的决策。

第二，加强监管力度。

搭建政务链之后，政府能拥有政务管理基本单位（个体、组织）的完整政务画像，有助于提高社会管理、综合防控、行政服务、行政职能绩效考核等多方面、多维度的政务处理能力。

另外，利用政务公链的海量数据，在保障信息安全且不被滥用的前提下，针对公民情况进行综合性统计分析，包括医疗、亲属、经济状况、犯罪前科、工作履历等各个方面，有助于政府实施精准帮扶、精准防控政策。

第三，助力行业发展。

通过搭建 BaaS 服务平台，提供标准化的市场端接口规范，要求各行各业按照标准接口进行数据上链，既方便统一监管，又能使政府绝对掌握整个社会最完整的大数据区块链账本。

各行业基于 BaaS 平台搭建自己的区块链应用，使用政务链 GOC 基础币作为基础，可以发行基于行业的或者基于具体应用场景的通证，运行自己特有的智能合约。这样，最终社会各行各业的区块链应用都运行在政府的底层公链之上，整个政务链生态自然形成，进而志向万物互链、万事互通、万法归宗的互联网数字经济新时代。由此实现全社会融会贯通，一起走向创新、协调、绿色、开放、共享的伟大新时代。

第四，大数据政务公链，提升公共服务水平。

依托大数据政务公链，借助云计算、互联网、物联网等平台，有效整合信息资源，在教育、医疗、科研、旅游、公共安全等多领域应用大数据，将极大地便利居民生活、娱乐、工作和学习，提高社会安全感和幸福指数，促进社会发展和民生服务能力的提升。

而且，大数据的包容性、互通性可以实现政府与民众的需求双向互动。将公共服务供给与需求信息及时进行匹配，打破原来自上而下、单一化的供给模式，满足差异化、个性化、多样化的公共服务需求，使公共服务供给由粗放式向精准化转变。

利用大数据政务公链的数据优势，营造可信赖、高效率的政企互动氛围，可让政府更高效地服务企业，让企业更自发地亲近政府。

借助大数据政务公链可信度高、透明度高的特点，为企业之间的交易、担保融资等行为提供有效的信息保障，有利于营造诚信为先、互利共赢。

利用大数据政务公链，提高行政服务效率，可进一步优化政府公共服务，切实回应企业需求；为创业者提供更优质、更全面的服务及指导；为大众创业、万众创新做好服务工作。

5.7 区块链+医疗

随着时代的发展，"创造性破坏"已经深深地改变了我们的生活，在大数据时代，我们身边的很多行业都搭上了数字化快车。然而，只有我们安身立命的医疗行业却从未真正被数字化浪潮影响。

数字化设备大规模、高强度地渗透到日常生活，我们因此彻底地、一次性地改变了彼此之间以及整个社交网络的沟通方式。但是，我们最宝贵的财富——健康，却至今未受到本质上的影响，成为数字化革命大潮之中的孤岛。

医生们开着自己不太熟悉的药，诊治着自己不甚了解的病情，评判着自己几近陌生的人体。国外很多大规模的筛查数据反映了人口医学不顾个体间的差异，一味倡导非必要的医学测试和手术治疗的事实。

美国基因组学家埃里克·托普在《颠覆医疗：大数据时代的个人健康革命》一书中提出："数字化人体，是确定个体基因组中的所有生命代码，是拥有远程持续监控每次心跳、每时每刻的血压读数、呼吸频率与深度、体温、血氧浓度、血糖、脑电波、活动、心情等所有生命与生活指征的能力，从人体功能状态入手，采集人体体内体表的物理信息与人体感官信息，把握人体的功能状态和生命活动规律。（数字化人体）是对身体任何部位进行成像处理，进行三维重建，随时能够展现出来，并最终实现打印器官的能力；或是利用小型手持高分辨率成像设备，在任何地方快速获取关键信息。（数字化人体）是将从无线生物传感器、基因组测序或成像设备中收集的个体信息，与传统医学数据相结合，并不断更新的过程。（数字化人体）用于临床可提高医疗和疾病预测、预防水平，增强人体健康，延长人的寿命。"

我们每个人都是独一无二的个体，但是直到现在，都没有办法去建立我们个体性的生物或生理特征；没有办法去确定诸如一天 24 小时的血压持续监测指标；也没办法在个体睡眠、工作，或情绪波动时进行监测。

这些既是医疗领域的痛点，也昭示着这片市场的空白。它代表着数字革命的下一个前沿——医疗健康。

随着区块链技术热潮的爆发，数字化医疗、数据化个体变得切实可行，医疗领域将会因区块链技术的普及带来一场史无前例的革新。

5.7.1 区块链 + 医疗前景分析

5.7.1.1 DNA 钱包

区块链技术应用于医疗行业，可以对个人健康信息进行管理，能够更方便地分析健康大数据,并将这些数据应用于多种场景。

区块链技术可以进行安全存储并且通过使用私人密钥来获得,这将形成一个"DNA钱包"。随着个人医疗健康数据的完善,这个"DNA钱包"将可以在各个领域得到多种场景的应用。

例如,医疗健康服务商能够安全地分享和统计病人数据,帮助药企更有效率地研发药物。医生可以通过"DNA钱包"快速诊断,有针对性、差异性地用药。政府能以此来整理全民大健康数据库,引导新的大健康服务市场。医院可以通过大健康数据来充实诊断依据,提高诊断效率,大大节省医疗资源。

5.7.1.2 健康数据上链更方便个体掌控数据

原本个人医疗健康信息掌握在各个医院、机构手上,患者自己并不掌握,所以患者很难方便地获得自己的医疗记录和历史情况。这对患者就医会造成很大的困扰,医生也无法详尽了解患者个人健康信息,无法快速、准确地就诊。

但是,如果用区块链技术来保存这些数据,就有了个人医疗健康的历史数据,并且利用区块链的数据加密和储存属性,能够保证个人医疗健康信息上链之后依旧归属于个人管理。

以后,无论是看病,还是对自己的健康情况做规划,都有历史数据可供使用,而这些数据真正的掌握者是患者自己,而不是某个医院或第三方机构。这将更有助于在相应的数据使用场景中直接调用,省去数据采集分析的过程。

5.7.1.3 解决个体差异性问题

在大健康时代,个人医疗健康数据尤为重要。消费升级后,市场的服务更趋于高质量、精细化的服务,利用区块链底层技术作为数据采集存储的共识基础,将能更好地调用市场的大健康服务资源,进而为不同的消费者提供服务。

区块链技术的分布式储存,可从真正意义上解决医疗健康领域的个体差异性问题,不会再出现医生面对不熟悉的身体,开具不熟悉的药物的情况。

5.7.2 溯博 LeChain ——个人医疗解决案例

5.7.2.1 LeChain 的使命

LeChain 通过应用区块链技术,力图解决医疗健康数据长期以来无法完全数据化的问题。个人医疗健康数据的建立,有助于降低医疗成本,同时为医院、健康服务商提供依据。

LeChain 通过去中心化来保证用户信息安全、更迭以及完善,同时保证医生能迅速掌握患者的个体差异性特点。LeChain 旨在让每一个人得到有依据的健康保障。

5.7.2.2 LeChain 的执行方案

(1) 建立用户医疗健康信息数据信任体系。所有数据都必须经过用户授权方能采集或者使用。尽可能抓取丰富的健康信息,建立安全的支付生态和开放的共生生态，再以健康数据通过医院、场景服务等方式实现数据上链，兼以用户自主上传等方式建立病历卡，保证数据权威抓取，不可篡改。

LeChain不断开拓优质个人健康数据使用场景，让个人医疗健康数据的用户能够最大化地享受到更加便捷的服务和更加安全的数据储存管理方式。

（2）构建个人医疗健康信息区块链生态。通过去中心化的用户健康信息交易，和对大健康服务、大健康产品、大健康医疗、大健康体检、大健康管理应用场景的塑造，基于区块链去中心化智能合约和分布式储存技术构建个人医疗健康信息账本，可整合用户医疗健康大数据，为用户享受医疗服务和健康服务提供数据保障，并以此开拓后续的服务场景。

LeChain可以让每个人拥有健康数据管理使用权，并以数字资产发行、流通，产生数据价值。企业和个人也可以基于LeChain创造新的协议和交易规则，形成去中心化的商业社会生态。

5.7.2.3 技术优势

交易频率优势：基于溯博链鑫优秀的技术能力，主网以DPoS+作为共识机制，支持每秒上十万次交易的吞吐量，可以承受足够大的交易压力，可实现多场景拓展。

信息准确：在链上，用户医疗健康数据全部真实可信。数据采集通过医院等多种权威渠道抓取，同时在已有数据采集工具的基础上，尽可能开发去中心化数据采集渠道。并且对上传的数据确保认证和审核设定，确保数据真实性、可用性。

信息安全：个人医疗健康数据需应用在LeChain衍生或者延伸场景内，

所有数据都必须经过用户授权方能采集或者使用；数据的储存方式和使用渠道可保证数据的绝对安全性；不缓存沉淀数据源的数据，注重个人隐私保护，保证用户信息安全。

5.7.2.4 发展规划

个人医疗健康数据目前属于市场盲区，数据呈分化式储存，医院等医疗机构只拥有部分用户的健康数据。且个人健康数据并未有相关机构、企业立项收集。

用户本身也没有确切的自身医疗健康数据作为参照，市场处于全空白状态。这使得个人医疗健康账本的建立具有了非凡的价值和意义。

6

路在何方

区块链未来之思

6.1 区块链是挑战，更是机遇

6.1.1 区块链的机遇之思

在展望区块链技术的未来之前，我们想先跟大家谈一个叫"基础设施反转"的词，来印证本书的观点。

6.1.1.1 基础设施反转

技术的发展往往会趋于稳定，或者说是陷入瓶颈，导致无法满足社会的需求。这时就需要对底层的基础设施进行革命，从而为开展满足社会需求的创新奠定基础。

综观整个历史，技术总是从稳定走向颠覆。当前的系统再也无法支撑我们社会需求的不断发展之时，就会出现一种转变，需要建设新的基础设施来支持明天的技术。

在历史进程之中，人类已经无数次见证过这种情况的发生，而且这种情况发生的节奏在最近100年正变得越来越快。当既有的基础设施达到潜能极致时，总会有新的技术为全新的基础设施铺平道路，使得创新再度繁荣起来。

例如，当汽车在130多年前发明出来的时候，铺面道路还没有被发明出来。汽车在专门为马车准备的道路上前进，十分吃力，遇到下雨天更是会陷进泥泞的道路里面，动弹不得。

在当时而言，汽车并不比马车好到哪儿去。如果不是平坦舒适的铺面道路出现，汽车能不能在当时大规模流行起来还是个问题。可以说，是不起眼的铺面道路支持了这项跨时代的技术创新。

把目光放到20年前，现在高速快捷的互联网也曾经缓慢异常。电话拨号上网时代的网速，简直可以用龟速来形容。人们几乎很难用流畅的网速享受互联网，这就是当时的现实。

"太慢了。""Google是什么？""互联网就是怪人待的地方。"这些都是互联网诞生之初常见的抱怨和问题。

然而，随着互联网的发展，人们对专门的互联网技术的要求也在不断提高。针对互联网的新的基础设施引发了大规模的技术进步和社会创新，大家开始在互联网上沟通、购物、阅读等。互联网赋予了人们自行设计和创新的工具，人们就像一个小孩拿到了一张纸和一支蜡笔一样开始创造。

试想一下，如果没有针对互联网的基础设施的更新，互联网能普及得那么快吗？

6.1.1.2 区块链——下一个技术反转

在我们看来，区块链以及所谓的分布式账本技术就是下一个底层技术反转的开始。

目前，互联网的发展已经达到了技术所能达到的新的天花板，我们迫切需要继续创新。

像谷歌这样一个中心化的互联网公司，虽然解决了人们对信息集中化的需求，但做的不外乎是信息的重组，就像过往几百年间石油公司分解原油一样。它驾驭了这个网络世界，是凌驾网络的新型组织机构，也带来了垄断的时代。

当一家或者几家公司或机构能够垄断整个网络资源的时候，发展总是会停滞不前的，这是历史给我们的教训。

而现在，区块链技术就带来了一个可以重新交换价值的平台。

它不再只是单纯地交换信息，而是试图在一个复杂的网络系统里凝聚共识。运用区块链技术，我们可以通过计算一个 Hash 函数的办法，对共识进行投票，这就使整个区块链形成了一个新的共识机制。

互联网的组织结构将被改变，人类共识机制将被改变，人类社会的认知也将被颠覆，这就是技术的威力。

6.1.2 区块链面对的质疑

自比特币诞生以来，主流国家政府对比特币乃至其底层技术——区块链的态度不一而足，有的欣然接纳，但有的视之如洪水猛兽。

评论之所以出现如此两极分化的情况，根源还是大众对于区块链技术的认识不足。

从前几年开始，区块链以一种迅雷不及掩耳的速度大热，一时间，连街坊老大爷都在问区块链是什么。

我们也经常能听到这样的观点："二十年之后，人们会像今天谈论互联网一样谈论比特币，100%的交易都会在区块链上完成。"又或者："如今已经进入区块链+的时代了，不懂区块链相当于新时代文盲。"

诸如此类的乐观预测像病毒一样在投资界传播、流行，带来了一场始料未及的狂欢。

甚至有人评价："区块链是世界第九大奇迹。"目前没有任何一种技术像区块链那样，会给未来社会的变革带来如此浩瀚的可能性。

但是，不管怎么样，面对区块链这样的新生事物，大众还是要做出理性的判断，客观地去接纳新生事物。

区块链就如同一把"双刃剑"，既是机遇，也是挑战。这些挑战中夹杂着人们的质疑，而这些质疑主要集中在三个方面：

第一，区块链的去中心化实现问题。

区块链真的能完全实现去中心化吗？

尽管有相当多的从业人员对这个问题持肯定态度，但这对于现实中存在的情况并无什么帮助。The DAO 事件的存在就如同达摩克利斯之剑高悬在大家的头顶。

由于编写的智能合约存在着重大缺陷，导致 The DAO 被黑客攻击并转移走价值6000万美元的数字货币。

在挽回损失的过程中，去中心化机制未能解决问题，因为智能合约的代码一旦发布出去，就无法更改，所以只能通过"集中式"的方式来善后。结果，用"软分叉"锁定账号，再采用"硬分叉"转移以太币，才解决了这个问题。

但是，这也导致了以太坊社区的分裂，产生了 ETH 和 ETC 两种同源又不同价格的数字货币，给以太坊生态系统带来了严重的负面影响。此次事件值得所有业内人士针对区块链的去中心化进行反思。

第二，51% 算力隐患。

尽管矿池算力集中，但区块链系统依仍存在 51% 的攻击问题。以公共区块链分布式账本为基础的加密货币，如比特币、以太币等，需要分布在世界各地的矿工不停地运作来维持系统功能。

随着全网算力的不断增加，单打独斗的小矿工已经没有规模优势。为了使收入更加平稳，矿工们可以组成矿池。

矿池能够给矿工带来稳定的收入，但是也带来了新的问题。矿池会把分散的算力集中统一管理，随着矿池规模的不断扩大，算力总和达到或超过全网的 51% 时，从理论上说就能够控制区块链的记账权，攻击者将可以修改账本和阻止他人挖矿，从而威胁整个系统的安全。

第三，技术隐患。

密码算法的使用及密码协议的引入存在隐患。区块链技术目前涉及随机数生成算法、哈希算法、数字签名算法等。而算法本身的漏洞对区块链系统的影响是不可估量的。当今设计的密码算法主要是可证明安全和计算上安全的算法，并非绝对安全的算法。

目前，越来越多的专家、学者和业内人士高度关注区块链技术的应用和创新。但是通过分析我们发现，"区块链+"时代的到来尚存在很多没有解决的问题，目前还处在修炼内功的阶段。

要知道，区块链要改变别人，必须首先反思，改变自己。在任何领域，跨界应用的时候应首先关注在这个行业中真正的落脚点是什么。无论是商业领域还是其他的领域，最根本的是搞清楚区块链能解决的是什么问题。

即使是在资本和市场的风口之下，我们依然要保持一份理性和冷静。要知道，区块链项目还有很多处于萌芽阶段，尚有诸多不成熟的地方。

不可否认的是，区块链的土壤将孕育出变革社会的巨大力量。但在这力量萌芽之初，还是让我们拭目以待吧！

6.2 区块链面临的问题

在区块链技术受到诸多社会关注的今天，看似繁荣的区块链市场背后，依然潜藏着许多不小的挑战。而这些潜藏的挑战和问题，正是有志于区块链项目的投资者和从业者，乃至监管者需要注意的。

6.2.1 计算机算力与电力的严重浪费

在区块链的缺点中，最为人所诟病的一点无疑是对于资源的严重浪费。许多计算机资源被疯狂地投入挖矿的事业当中，这俨然是对计算资源的挥霍。

另外，挖矿需要消耗大量的电力，运行节点也同样需要资源，所以维护整个区块链网络所需要的资源是巨大的。据估算，目前运行比特币网络需要的电力会超过 1GW（一百万千瓦），差不多相当于整个爱尔兰一个国家所耗费的电力。

仅仅从能耗的角度来看，比特币网络其实是相当不环保的。如果能够将这些矿机的计算资源运用到更有价值的科学研究上，而不是耗费在无意义的数学问题上，那么对于整个人类社会而言，都是一件好事情。

6.2.2　去中心化网络的消亡

尽管区块链技术的初衷是打破个人或者中心化的霸权，重塑去中心化的对等网络，但在实际运用中，依然难以逃脱被某些资本力量控制的可能。

仅以比特币网络为例，2017 年的比特币网络节点相比于上一年已经减少了 837 个，整个比特币网络的权力也曾一度被某些机构收入囊中。

当比特币节点数量少到一定地步，就会很难找到一个 P2P 节点去连接和同步网络数据，整个比特币区块链网络可能会陷入瘫痪。

当传统的网络霸权重新在区块链网络中建立的时候，以去中心化为名存在的区块链技术到底将成为什么东西，我们永远不会知道。

6.2.3　数据体积的扩大与交易缓慢

随着区块链的发展，储存数据的区块节点的体积越来越臃肿，带来的存储和计算负担也越来越重。

以比特币网络来说，其完整数据的大小已经达到了 63.61GB。只要区块链的数据量在不断地增加，比特币核心客户端的运行就会越来越困难，交易确认的时间也会越来越长。

也许相较于动辄两三天的交易确认时间来讲，比特币已经算得上快了，但依然无法满足可预见的未来不断增长的交易需求。如果无法进行扩容，交易的堵塞和延迟只会越来越严重，等待比特币交易的也只有慢性自杀。

比特币区块链每秒最多只能够处理 6.67 笔交易，这已经达到了它目前系统所能容纳的极限。然而相比较于 PayPal 和 VISA 每秒动辄几万笔的交易处理速度，区块链支付网络在交易处理的频率上俨然是一个还没长大的孩子。

在比特币创立之初，中本聪为了避免恶意行为所做出的刻意限制，如今看来已经明显陈旧，已成为阻滞比特币区块链发展的最大绊脚石。

6.2.4 现行监管与政策的制约

当今市面上存在的区块链项目鱼龙混杂，真假难辨。许多往往没有规划，只是打着区块链的幌子发行货币圈钱。以比特币为代表的数字货币也对多家货币发行机构的权力构成了挑战，极大地影响到货币政策，削弱了国家对经济的调控能力。

由于对区块链技术缺乏充分认识与预期，政府相关法规和制度的建立较为滞后，导致当今市场发展盲目，缺乏监管。与区块链相关的经济活动缺乏必要的政策保护与法律规范，这正是区块链真正落地所要接受的挑战。

6.3 普通人如何参与区块链浪潮

在前几年，区块链仿佛还只是人们日常中的谈资。尽管大家都在关注，却始终保持着隔岸观火的态势，不肯轻举妄动。

到了今天，在眼看着第一批吃鱼的人已经成功上岸之后，很多人再也坐不住了，都觉得是撒网的好时机到了。比特币价格的不断升高和如雨后春笋般冒出来的区块链项目，极大地吸引了一批眼热的观望者参与到区块链项目当中。

当然，媒体铺天盖地的报道、资本市场的狂热和无数的机遇更是给这项技术赚满了眼球分。整个社会的狂热似乎在告诉我们，全民区块链的时代真的要来临了。

错过了互联网、错过了房市，区块链对于某些人来说可能是最后一个可以摆脱自身阶层的机会了。当所谓的机会摆在眼前的时候，抓住了，才是真正有意义的。如果错过了它，那失去的便是未来。

那么作为一个普通人要怎么样参与到区块链的技术变革中，将其转化为自身的财富呢？从一个看客变成参与者，从旁观者变成投身浪潮的弄潮儿，我们又应当如何去把握机遇呢？

也许有人会说，我们只是普通人。既不是钻研计算机技术的科技大腕，能掌握技术的红利；也不是手握雄厚财富的资本大鳄，能在新型的市场翻云覆雨；更不是能一眼看破未来走向的商业奇才，能够早早深思布局，未卜先知。在这些人先天的优势面前，普通人还有机会吗？

这个问题如果问我的话，我会很诚实地说，有。如果真正了解区块链技术的话，就会知道这不仅仅是一项计算机技术，更是一种行为与理念，一种颠覆性的组织和行为方式。所谓的区块链革命，将不仅仅发生在科技与计算机领域，它更会是一次全面的颠覆。这种颠覆将是彻底性的，而不是局限于一个小的领域。它的分布式、去中心化的特性注定了每个人都有参与的机会和无限的可能。

6.3.1 找一份与区块链相关的工作

投资什么东西，都不如投资自己。区块链技术拥有广阔的商业运用前景，身处其中必然能够享受到这份技术所带来的丰厚福利。

任何一项技术的终端必然是应用到社会上的每个人身上，这其中潜藏着巨大的市场和财富。区块链技术解决的不仅是技术问题，更是社会问题。如果能够牢记这一点，必然能在这项有"钱途"的道路上走得更远。

不过，市面上现存的大部分所谓的区块链项目都显得不那么"靠谱"，大部分都是打着捞一笔的幌子发行 ICO 赚钱。只有真正能够落地的区块链项目才能在随后的"大清洗"中活下来。

区块链不仅仅是一种技术，更是一种理念与行为。如果心急之下去计算机培训班报名也并无不可，毕竟更深地了解技术是好的，但切忌急功近利，而要真正理解区块链所带来的深层驱动，改变自己的认知。区块链的未来市场还不明朗，虽然技术革新带来的新参与者的红利依然存在，但仍旧危机密布。如果只是一时头脑发热，多半还是会成为下一波待割的"韭菜"，被资本市场剥削地不剩分文。

在人类历史上，技术的进步都会深刻地影响社会的方方面面，从不同的角度对社会财富和生产关系进行新的重建。区块链技术最后将改变很多东西，如果能够在这之前进行深入的布局，就能在未来积累巨大的优势。

当今的区块链行业，虚虚假假，龙蛇混杂。只有真正放下浮躁，认真观察，才能辨别其中的烟幕弹，避开雷区。什么都不懂的人，注定会被前方某个不显眼的石头绊住脚。

那到底哪些方向可能成为真正的机会呢？我们也在前面的章节中具体讲过区块链技术的商业运用，真正落到实处的方面可能还要多一点。只要真正抓住区块链技术的特性，区块链才会有无穷无尽的发展可能。

此外，当今市面上的各种虚拟货币都存在着或多或少的缺点和风险，真正在投资的时候还是要擦亮眼睛。等到区块链技术的商业前景明朗起来的时候，也就是这些代币消亡的时刻。

无论如何，在当今的市场环境之下，最重要的还是要放下心中的浮躁，认真修行才是王道。

6.3.2 实体企业"链改"升级

区块链的革命性体现在，通过新一代的数据技术方式实现去中心化，以更加透明和高效的方式实现价值的传递。也就是说，传统实体企业运用区块链技术实现"链改"升级之后，企业的管理、效率、流通都将发生颠覆性的改变。

国家提出"一带一路"倡议的目的是带领中国优质企业走出国门，打造经济融合、文化包容的利益共同体。而提出供给侧改革，则是要求国内企业练好内功，从供给、生产端入手，通过提升竞争力，淘汰落后产能，将发展方向锁定在新兴领域、创新领域，创造新的经济增长点。

无论是"一带一路"倡议还是供给侧改革，国家都对实体企业寄予了厚望。那么，传统实体企业如何在供给侧改革中存活下来，并加入"一带一路"的优质企业当中，参与全球博弈，在全球市场经济中分一杯羹？

《国务院关于印发"十三五"国家信息化规划的通知》提出要强化战略性前沿技术超前布局，并两次提及"区块链"这一关键词。区块链与量子通信、人工智能、无人驾驶交通工具等新技术并列成为政府构筑新赛场、布局先发主导优势的先锋队。传统实体企业要熬过经济下行压力加大的寒冬，利用区块链技术开展产业升级换代非常有必要。

对于传统企业来讲，由于专业难度大以及成本高昂等原因，独立开发区块链并不划算，最好的方式是委托区块链服务商根据企业特性而设计出匹配的应用场景。

成功"链改"的企业必然是一个标准的区块链经济体，股东层、管理层分布式自治，通过发行通证，凝聚共识，既提升了生产力，又让参与创造财富的各种利益相关者都具有共治和共享权力，其协作效率大大高于传统企业组织。是否"链改"成功，我们可以从以下四个方面来判断：

第一，利益协调的畅通性。首先要考察原有企业制度下的股东、高层、员工、客户等的利益是否得到保证。"链改"可能会损害部分人的眼前利益，但长远利益会反流或回补这部分损失。如果会对部分人的利益造成永久性损害，则"链改"其实并不成功。其次要考察原有企业制度下的各层利益能否有效协调，以确保区块链组织的公正、透明和高效。即便各方利益都能够协调好，但是企业运作效率并没有比"链改"之前提升太多，则"链改"也是不成功的。

第二，效率提升。经济协作效率和资源配置效率的大幅提升，可以说是企业"链改"后所达到的最显著的效果。

第三，经济生态的构建。"链改"后的企业可以自行构建同一通证下的经济生态体系。在规定的通证激励机制下，每一个生态参与者都可以参与到企业生产、销售、服务、激励回报等的建设中。另外，通证机制打通了链上与链下的结算问题，实现了物理世界与数字货币在生态中的结算和通兑。

第四，技术安全的保证。企业上链经营后，其加密算法及一切技术均很难被篡改，也很难被黑客攻破。

很多企业法人听到企业要"链改"，内心其实是不情愿的。因为区块链技术要解决利益中心化的问题，这就相当于要从这些法人手中争权夺利，让他们很难接受。实际上，去中心化是区块链的基因，我们无法否认这一点。但要想让实体企业，特别是区块链落地非常难的产业，一下子全盘推翻以往的运营模式，完全采用区块链技术，也不现实。只有在特定的场景、特定的时间，做特定的变通，才能推行下去。所以，现在开发的区块链有多种模式帮助不同的企业顺利进行"链改"。

6.3.3　区块链服务商以顶层设计入股传统实体企业

随着区块链技术的应用场景越来越丰富，区块链引领的新一轮技术革命已在全球范围内掀起一股浪潮，以区块链开发、服务为宗旨的区块链服务商的重要性也越来越大，具体体现为传统实体企业的需求量远远超过优质区块链服务商的供给量。

传统实体企业面临着产品同质化严重、产品越来越不好卖、消费者观念越来越不好把握等困境，之所以没有迫切地进行"链改"，其实是因为疑虑重重，主要体现在以下三个方面：

第一，企业面临困境，已经无法支付区块链服务商高昂的开发费用。

第二，传统实体企业无法筛选出真正能帮助到他们的专业区块链服务商。

第三，传统实体企业对"链改"的效果没有信心。

针对实体企业的这些疑虑，区块链服务商该以什么样的方式与其合作，以达成双方共赢呢？笔者认为，只有一种方式，那就是区块链服务商以区块链顶层设计技术入股传统实体企业，从而有效解决以上三点疑虑。

以零售行业为例，区块链服务商前期免费帮助零售企业开发私有链或公开链。在物流端，利用区块链技术完善并智能化包裹交付追踪系统，记录每一件包裹的信息（包括包裹内容、环境条件、位置信息等），通过快递员私人密钥地址、卖家私人密钥地址以及买家私人密钥地址等监管配送地址的加密，并且这些信息都是不可篡改、可追溯的，以保证信息来源的真实可靠。在供应链端，利用区块链技术构建"数字化供应链"，使其具有分布式记账功能（利用分布式记录让商品的全链路过程，包括生产、运输、报检等信息，全部得到加密确证）和不可篡改的特性，从根本上杜绝供应链过程中由于多环节的信息孤岛带来的不确定风险，大大简化供应链的数据交换和作业流程。在交易端，利用区块链去中心化分布式数据库、点对点交易和私密性，可以直接跨越传统零售从产地到零售商再到终端消费者的固有结构，实现产销直通，缩减消费者和生产者之间的信息距离。并且，区块链的通证技术还可以让消费者花的钱在链上通过通证得到收益。

区块链服务商如果能够以区块链技术帮助零售企业真正实现"链改"和产能升级，使其在降低成本的同时，保证营业额和利润有实质性的提升，则零售企业必不吝于以企业股权置换区块链服务技术。

当然，选择是双向的，区块链服务商在选择传统实体企业时，只有进行充分的市场调研，对该企业的实力、产品、市场、财务、团队、创始人品性、"链改"的胜率等进行全面深入的了解，才有可能选到优质企业，真正实现"双赢"局面。

万物互"链" | 区块链重塑世界

附 录：联合发起人星系图

| 附　录：联合发起人星系图

马骊　牛芳　顾建龙　董灵敏　钱海山　李浩　秦义军　陈永玲　汤亚萍　张丽　丁华正　曹克霞　熊安芹　刘亦博　邓安红　曹伟伟　庞华　林伏帮　郭玉芬　张峰　丁春　侯金玲